Thomas Sießegger

Kalkulieren, Organisieren, Steuern

Bibliografische Information der Deutschen Bibliothek

Die Deutsche Bibliothek verzeichnet diese Publikation in der Deutschen Nationalbibliografie; detaillierte bibliografische Daten sind im Internet über ‹http://dnb.ddb.de› abrufbar.

Sämtliche Angaben und Darstellungen in diesem Buch entsprechen dem aktuellen Stand des Wissens und sind bestmöglich aufbereitet.

Der Verlag und die Autoren können jedoch trotzdem keine Haftung für Schäden übernehmen, die im Zusammenhang mit Inhalten dieses Buches entstehen.

© VINCENTZ NETWORK, Hannover 2009

VINCENTZ.NET Besuchen Sie uns im Internet: www.vincentz.net

Druck: BWH GmbH, Hannover
Titelgestaltung: topLetter, Seelze-Lathwehren

ISBN 3-86630-079-4
    978-3-86630-079-8

Thomas Sießegger

Kalkulieren, Organisieren, Steuern

50 Fragen und Lösungen zur Betriebswirtschaft

VINCENTZ NETWORK

Inhalt

Kalkulieren, Organisieren, Steuern   Thomas Sießegger
© Vincentz Network GmbH & Co. KG, Hannover 2009 • ISBN: 978-3-86630-079-8

Rechnen und Kalkulieren 100

Vorwort

Mehr und mehr dominiert betriebswirtschaftliches Denken die Führung von ambulanten Pflegediensten. Keine Pflegedienstleitung kommt mehr ohne aus. Oftmals engagieren große Pflegedienste Absolventen eines Pflegemanagement-Studiums für die Leitung. Die Gesamtleitung von mehreren Pflegediensten ist fast nur noch mit Studienabschluss zu besetzen. Doch selbst ein Diplom-Abschluss gibt nicht die Gewähr für praxisnahes Wissen, denn die im Studium erlernten und vorgestellten Instrumente sind nicht immer praxisnah. Leider.

Die hohe Kunst ist es, betriebswirtschaftliches Know-How mit den rechtlichen Vorgaben und den individuellen Bedürfnissen und Wünschen der Kunden und Patienten in Einklang zu bringen. Das finanzwirtschaftliche Ergebnis sollte den selbst gesteckten Zielen entsprechen. Betriebswirtschaft darf nicht dominieren und Selbstzweck sein. Sie sollte Lösungen und Antworten bieten für die vielfältigen Anforderungen und Fragen des Alltags und trotzdem die Sicherheit geben, das Große und Ganze nicht aus den Augen zu verlieren. Es gilt: Man kann nicht mehr ausgeben, als man einnimmt.

Die Idee zu diesem Buch ist vor einigen Jahren entstanden: Eine kompakte Zusammenfassung aller betriebswirtschaftlich relevanten Beiträge der Zeitschrift „Häusliche Pflege" aus der Rubrik PDLpraxis. Eine reine Zusammenfassung der Beiträge wäre dem, wie die Praxis funktioniert, allerdings nicht gerecht geworden. Aus dem Grund ist dieses Buch in folgender Form entstanden:

> » Ich habe eine Frage oder eine Aufgabe.
> » Wie bekomme ich schnell und passend eine Lösung?

Und, wenn es auch nicht immer eine Lösung geben sollte, müsste doch immer eine Idee dabei sein, wie man den nächsten Schritt angeht.

Sie sollen das Buch auch gar nicht unbedingt von vorne bis hinten durchlesen. Schlagen Sie einfach eine Frage auf und suchen sich die Lösung heraus!

Ich danke – hier an dieser Stelle – der Geduld von Bettina Schäfer und Klaus Mencke aus dem Lektorat des Vincentz Network. Weiterhin möchte ich Andreas Heiber erwähnen, der dieses Buch im Vorfeld kritisch betrachtet hat. Auch hier: Herzlichen Dank für die Rückmeldungen und Hinweise.

Kalkulieren, Organisieren, Steuern   Thomas Sießegger
© Vincentz Network GmbH & Co. KG, Hannover 2009 • ISBN: 978-3-86630-079-8

In Ergänzung zu diesem Buch für Pflegedienstleitungen wird Ende 2009 ein Buch für die Geschäftsführung ambulanter Pflegedienste erscheinen. Dieses Buch beschäftigt sich dann mit Strategien und einer grundsätzlichen Ausrichtung eines ambulanten Pflegedienstes, ihrer Träger und Verbände.

Viel Spaß und Erfolg bei der Umsetzung der Lösungen!

Hamburg, im Mai 2009

Die Kernaufgaben

Ihre Aufgaben als PDL sind sehr vielfältig. Dabei ist es schwierig, den heutigen Anforderungen gerecht zu werden. Oftmals kommen angehende Pflegedienstleitungen (scheinbar) unversehens in die Rolle der Leitung. Teilweise sind sie sogar selbst noch in der Pflege und übernehmen eine mehr oder weniger kleine Tour.

Eigentlich ist es ab einer Größe von ca. 80 Patienten nicht mehr gerechtfertigt, dass eine Leitungskraft „in die Pflege geht". Notfälle evtl. ausgeschlossen, doch grundsätzlich sollten Sie versuchen, auch diese Touren und Einsätze an Mitarbeiter zu delegieren.

Sie sollten die Finanzverantwortung für die Ergebnisse des Pflegedienstes übernehmen, denn Sie sind die Einzige, die die Ergebnisse maßgeblich über die Personal-Einsatz-Planung beeinflussen kann. Diese Verantwortung kön-

Kalkulieren, Organisieren, Steuern   Thomas Sießegger
© Vincentz Network GmbH & Co. KG, Hannover 2009 • ISBN: 978-3-86630-079-8

nen Sie nur übernehmen, wenn Sie exakt wissen, was individuell bei den Patienten an Leistungen zu planen ist und welche Kosten dadurch entstehen. Für die individuelle Bestimmung müssen Sie die Kunden persönlich kennen, was nur über den persönlichen Erstbesuch erfolgen kann. Es ist nicht ausreichend, sich die Besonderheiten von einer Kollegin mitteilen zu lassen, die den Erstbesuch übernommen hat. Insofern sind Erstbesuche Ihre originäre Aufgabe. Genau so wie die späteren Pflegevisiten. Diese Aufgaben sollten nicht delegiert werden. Die Erstbesuche sind von der Funktion den Pflegevisiten sehr ähnlich: Sie bilden die Grundlage der individuellen Planung für den Kunden. Aus den Erkenntnissen dieser Besuche werden die Personalkosten gesteuert, und die Erträge können gesteigert werden.

Im Weiteren ist die Leitung täglich mit der minutiösen Personal-Einsatz-Planung beschäftigt. Wenn diese per EDV erfolgt, kann es gut sein, dass Sie damit 2–4 Std. täglich beschäftigt sind. Es ist die Kernaufgabe, denn hiermit wird gesteuert.

Über die SOLL-IST-Vergleiche und ggf. über die Analyse anhand von mobilen Erfassungsgeräten kommen Sie regelmäßig mit den Mitarbeitern ins Gespräch, erkennen Abweichungen und finden gemeinsam mit den Mitarbeitern Lösungen für die Kunden. Das beansprucht viel, aber gut investierte Zeit.

Diese vier Kernaufgaben bilden eine Einheit – und sollten von einer Person wahrgenommen werden (siehe vorherige Abbildung). Sie sind untrennbar. Nur dann kann diese Person auch den Kopf „hinhalten" für das Ergebnis des Pflegedienstes, in wirtschaftlicher wie in qualitativer Hinsicht.

Die Personal-Einsatz-Planung ist die wichtigste Grundlage für den Erfolg eines ambulanten Pflegedienstes. Hier wird über die Wirtschaftlichkeit und die Qualität der Leistungen entschieden.

Sollte die Größe eines Pflegedienstes die Machbarkeit dieser Aufgaben überschreiten, ist es sinnvoll, den Pflegedienst in entsprechend kleinere Einsatzbereiche zu trennen, in denen wiederum die Einheit dieser Kernaufgaben gewährleistet ist. Die Notwendigkeit der Trennung beginnt, wenn der Pflegedienst wächst und es abzusehen ist, dass die Größe von 100–150 Patienten überschritten wird. Jedes Wachstum ist gut, jede Möglichkeit dazu sollte genutzt werden. In den kleineren Einheiten ist Wachstum dann auch wiederum leichter möglich. Leitungen sollten nie so ausgelastet sein, dass sie froh sind, dass das Telefon nicht klingelt und neue Kunden „drohen". (Pflegedienst)-Leitungen müssen immer „hungrig" sein auf neue Patienten.

1. Was sind die wirklich wichtigen Aufgaben einer Pflegedienstleitung?

1.1. Tätigkeitsschwerpunkte einer Pflegedienstleitung

Zunächst eine grobe Orientierung, wie sich die Arbeitszeit idealerweise zusammensetzt.

Checkliste der wichtigsten Aufgaben einer Pflegedienstleitung

1. **Alle** Erstgespräche (ca. 15% der Tätigkeit)
2. **Alle** Pflegevisiten, insbesondere in wirtschaftlicher Hinsicht (ca. 15% der Tätigkeit)
3. Die komplette Personal-Einsatz-Planung (ca. 30%), möglichst am PC
4. Mitarbeiterführung (ca. 20%)
5. Controlling
6. Gremienarbeit (Ausschüsse, Arbeitskreise, kirchliche Gremien, politische Arbeit, usw.) und Öffentlichkeitsarbeit
7. Sonstige Tätigkeiten, z. B. Qualitätsmanagement

Der Erstbesuch sollte grundsätzlich von Ihnen durchgeführt werden, da Sie später die Verantwortung für die Konsequenzen der Einsätze übernehmen müssen, auch in wirtschaftlicher Hinsicht. Der Großteil der Kosten sind Personalkosten. Um diese steuern zu können, müssen Sie die Patienten und deren Zeitbedarf kennen.

Deshalb müssen Sie einen Eindruck gewinnen können über die neuen Patienten. Dieser Eindruck sollte nach ca. 7–10 Tagen konkretisiert werden und in eine minutiöse Personal-Einsatz-Planung einfließen. In der Zwischenzeit geht der zuständige Mitarbeiter bei dem neuen Patienten zur Pflege – und Sie entwickeln dann gemeinsam mit den zuständigen Mitarbeitern einen Personal-Einsatz-Plan. Verantwortlich sind aber auf jeden Fall Sie. Die Vorgabe von Zeiten (unter Berücksichtigung der Rückmeldungen der Mitarbeiter) darf nicht aus der Hand gegeben werden. Diese Aufgabe ist nicht delegierbar. Die Einführung der allein durch die PDL gesteuerten Einsatzplanung sollte in Phasen erfolgen, nicht in einem Schritt.

Kalkulieren, Organisieren, Steuern   Thomas Sießegger
© Vincentz Network GmbH & Co. KG, Hannover 2009 • ISBN: 978-3-86630-079-8

Pflegevisiten könnte man auch als „wiederholte Erstbesuche" bezeichnen. Auch die Pflegevisiten sind ein Instrument der Steuerung. Hierbei können Sie als Pflegedienstleitung immer wieder prüfen,

» ob das mit den Patienten vereinbarte Leistungsspektrum immer noch passend ist,

» ob die Mitarbeiter auch tatsächlich alle von ihnen erbrachten Leistungen aufzeichnen

» und ob die Tourenplanung noch optimal gestaltet ist.

1.2. Mitarbeiterführung

Die Form der Mitarbeiterführung ist Grundlage für Motivation, Akzeptanz der vorgegebenen Zeitwerte und ganz allgemein bedeutsam für die Umsetzung von ablauforganisatorischen Veränderungen. Die Mitarbeiterführung zieht sich im Prinzip durch alle Ihre Tätigkeiten, sie ist nicht als einzelner Bestandteil in Höhe der geschätzten 20% der Tätigkeit zu leisten. In dieser speziell für Mitarbeiterführung gedachten Zeit sollten Mitarbeiter-Jahresgespräche, Konfliktgespräche und Anleitungen stehen – oder nur das einfache Zuhören und das „Für die Mitarbeiter da sein" im Fall von Fragen oder notwendiger Unterstützung. Ihre Anwesenheitszeit und ausreichend Möglichkeiten, dass Mitarbeiter mit Ihnen kommunizieren können, sind also ein hohes und wichtiges Gut. Bedenken Sie, dass Ihre Mitarbeiter in ihren Touren mehr oder weniger alleine auf sich selbst gestellt sind, und 10 – 15 Patienten versorgen. Deshalb muss auch Raum und Möglichkeit für Kommunikation und Fragen geschaffen werden.

1.3. Controlling

Die bloße Anwendung von Instrumenten wie

» Kosten-Nutzen-Berechnungen,

» Personalbedarfsberechnungen,

» Ermittlung von Zeit- und Durchschnittswerten,

» Kalkulation der Kosten

» usw.

ist keine Garantie für wirtschaftlich und qualitativ gute Ergebnisse.

Entscheidend für den Erfolg ist auch, diese Methoden dem Gesamtziel, dem Leitbild der Einrichtung unterordnen zu können und sie einzufügen in ein Instrumentarium bestehend aus unterschiedlichen Fähigkeiten und aus unterschiedlichen Wissensbereichen.

Integration ist das Stichwort. Es nützt nichts, wenn Sie alles wissen und viele Seminare besucht haben. Es gilt, das Erfahrene anzuwenden und im Alltag und in der Praxis umzusetzen. Ebenso wichtig ist, abweichend von der reinen Lehre, eigene Wege zu finden und kreativ pflegedienstspezifische Lösungen der Betriebswirtschaft zu finden oder weiterzuentwickeln.

1.4.   Gremienarbeit und Öffentlichkeitsarbeit

Im Rahmen der Akquise von neuen Patienten und dem Verkauf von Leistungen ist es bedeutsam, dass die Pflegedienstleitung bekannt ist. Am besten ist es, wenn Sie als Person fest in der Gemeinde oder der Stadt im öffentlichen Leben durch vielfältige Aktivitäten verankert sind. Eine Verstärkung erfährt Ihr Bekanntheitsgrad, wenn Sie selbst im Ort, der Stadt oder dem Einzugsbereich des Pflegedienstes wohnen. Denn viele Erfolgsfaktoren hängen ab von persönlicher Zuneigung, vom Bekanntheitsgrad, vom Vertrauen in ihre spezielle Person. Nicht der anonyme Pflegedienst wird vom Kunden (Patient, Arzt, Krankenhaus, Angehörige, Pfarrer usw.) ausgewählt, sondern vielfach die bekannte Pflegedienstleitung. Früher hieß es „die Station von Schwester Maria". Akquise wird also unterstützt durch Personifizierung.

In besonderem Maße geeignet sind Aktivitäten in folgenden Bereichen:

- » Teilnahme an Altennachmittagen,
- » Treffen mit dem Bürgermeister,
- » regelmäßige Besuche bei den Ärzten und im Krankenhaus,
- » einer politischen Aktivität (nicht unbedingt in einer Partei),
- » Engagement in der Kirchengemeinde,
- » Spazieren und Einkaufen auf dem lokalen Wochenmarkt, einfach nur „Gesehen werden"
- » usw.

Mit Öffentlichkeitsarbeit ist nicht nur die Werbung gemeint. Die „klassische" Werbung mit Flyern und Anzeigen in Tageszeitungen oder Wochenblättern bringt sehr wenig, wirkt allenfalls unterstützend, wenn es darum geht, möglichst häufig und vielfältig in der Öffentlichkeit zu erscheinen.

30% – 50% des Erfolges hängen allein von der Person der PDL ab

Insgesamt gesehen gibt es noch weitere, jedoch schwer greifbare Faktoren, die dazu beitragen, dass schätzungsweise 30% – 50% des gesamten Ergebnisses (Wirtschaftlichkeit und Qualität) eines Pflegedienstes allein von der Person der PDL abhängen. Auch aus wirtschaftlicher Sicht ist es nicht ausreichend, „nur" betriebswirtschaftliches Wissen zu haben, sondern es gilt, die Kenntnisse anzuwenden und sie den Mitarbeitern plausibel zu machen. Ich würde diese beschriebenen Aufgaben vorsichtig als die „weiche" Seite der Betriebswirtschaft bezeichnen wollen.

1.5. Welche Aufgaben (einer Leitung) können delegiert werden?

Beratungsgespräche nach § 37 Abs. 3 SGB XI

Die Beratungsgespräche nach § 37 Abs. 3 SGB XI sind in ihrer besonderen Bedeutung ähnlich den Erstbesuchen. Sicher sind die Beratungsgespräche aus wirtschaftlicher Sicht nicht unbedingt ausreichend finanziert, doch sollte dabei auch der „Werbeaspekt" berücksichtigt werden, da durch einen geschickten Einsatz und durch entsprechendes Auftreten zukünftige Patienten gewonnen werden können. Dort kann die Kompetenz des Pflegedienstes dargestellt werden, neue Kunden können gewonnen werden.

Doch bei der Vielfalt der anderen Aufgaben kann diese Aufgabe weitergegeben werden.

Die Beratungsgespräche müssen nicht unbedingt von Ihnen oder Ihrer Stellvertretung geführt werden. Wenn Zeit für Leitung benötigt wird, können Beratungsgespräche an speziell geschulte Pflegefachkräfte delegiert werden.

Statistiken erstellen

Statistiken als ein Teil des Controllings können von Verwaltungskräften per PC erstellt werden oder Sie erstellen sich diese selbst. Diese Daten werden Sie als Grundlage Ihrer Entscheidungen benötigen.

2. Wie gelangen Sie von der Zeit- und Leistungserfassung zur Personal-Einsatz-Planung?

Erfassen Sie noch – oder planen Sie schon?

Die Zeiterfassung der Pflegemitarbeiter ist eines der heikelsten Themen in einem ambulanten Pflegedienst. Eine der am häufigsten gebrachten Ausreden, warum eine Zeiterfassung nicht genügend differenziert (oder gar nicht) durchgeführt wird, ist:

„Die Zeit für die Zeiterfassung geht uns von der Pflege ab."

Dem kann entgegnet werden: Die Zeit (und damit die Kosten) für die Zeiterfassung müssen mindestens so schwer wiegen wie der Nutzen oder der Erkenntniswert aus den Auswertungen der Zeiterfassung.

Bei ca. 85% der Kosten handelt es sich um Personalkosten – und um diese zu steuern, benötigt man Instrumente.

Wenn aber tatsächlich eine Steuerung stattfinden soll, kann es sich nicht nur um eine Erfassung der Zeiten handeln (diese ist vergangenheitsorientiert), sondern die Zeiten für Leistungen müssen für einen zukünftigen Zeitraum geplant werden. Eine einfache Zeiterfassung nach dem Motto

> **„liebe Mitarbeiter, bitte schreiben Sie auf, welche Leistungen Sie in welcher Zeit erbracht haben"**

wird auf Dauer nicht erfolgreich funktionieren.

Eine Zeit- und Leistungserfassung muss vielmehr nach dem Motto

> **„liebe Mitarbeiter, hier haben Sie einen detaillierten Plan (für die ganze Woche): Auf diesem Plan sind alle Patienten aufgelistet mit Angabe von Zeiten, an denen Sie sich (im Durchschnitt) orientieren können"**

durchgeführt werden, um sicherzustellen, dass nicht am Ende des Monats oder des Jahres böse Überraschungen in der Gewinn- und Verlustrechnung entdeckt werden.

Das Delegieren der Verantwortung der Zeit für Patienten (im Rahmen einer einfachen Zeiterfassung) in der Hoffnung, dass die vereinbarten Zeiten für die

Kalkulieren, Organisieren, Steuern   Thomas Sießegger
© Vincentz Network GmbH & Co. KG, Hannover 2009 • ISBN: 978-3-86630-079-8

Patienten eingehalten werden, wird nicht zufriedenstellend gelingen, denn:

a) Die Patienten wünschen sich im Prinzip viel mehr Zeit, als es die Leistungen und Leistungskomplexe eigentlich vorsehen. Das heißt, sollte einmal „Luft vorhanden" sein, werden die Mitarbeiter geneigt sein, etwas mehr Zeit beim Patienten zu verbringen.

b) Im Rahmen einer vielfach seit Jahren angewandten erlösorientierten Personal-Einsatz-Planung besteht die Gefahr, dass im Laufe der Jahre die Zeiten für Patienten und Leistungen immer stärker gekürzt werden. (Seit 1995 haben sich die Zeiten für Einzelleistungen um ca. 30 % – 40 % reduziert.)

c) Die Mitarbeiter empfinden Zeitvorgaben (pro Patient und Fahrt) nach einer gewissen Zeit (ca. ein 1/2 Jahr nach Einführung) als sicheren zeitlichen Rahmen, innerhalb dessen sie mehr oder weniger frei disponieren können.

Deshalb muss es eine zentrale Kraft geben, nämlich die Pflegedienstleitung, die Zeiten auf Grundlage von eigenen Bestandsaufnahmen, internen Kalkulationen und den gesetzlichen Grundlagen vorgibt. Diese Vorgabezeiten werden durch ständige Pflegevisiten immer wieder geprüft.

Ziel muss eine realistische Personal-Einsatz-Planung (inkl. einer Zeitplanung) sein. Diese ist aber aus organisatorischen Gründen nicht ohne Weiteres einzuführen. Die Umstellung von einer reinen Zeiterfassung hin zu einer Planung dauert ca. zwei Jahre. Sie spielt sich vor allem „in den Köpfen" ab. Sie ist mehr eine Organisationsentwicklung als eine rein technische Umsetzung. Es reicht nicht aus, nur mobile Erfassungs- (und Planungs-)geräte einzuführen. Die Mitarbeiter müssen lernen, dass sie große Verantwortung haben, dass die Kosten mit den Erlösen übereinstimmen. Das machen sie über die weitgehende Einhaltung der Vorgabezeiten. Vielleicht ist es auch besser, von Orientierungszeiten zu sprechen. Geplant und kontrolliert werden diese Zeiten von der Leitung.

Checkliste:
Schritte im Rahmen eines Prozesses zur Einführung einer optimalen Personal-Einsatz-Planung

1. Einfache Leistungserfassung auf Leistungsnachweisen für SGB V und SGB XI (nur zum Zweck der Leistungsabrechnung).

2. Zusätzliche Einführung einer Zeiterfassung für die Leistungen nach SGB V und SGB XI.

3. Zusätzliche Einführung einer Zeit- und Leistungserfassung für die Leistungen nach SGB XII, Privatzahlerleistungen, „nicht abrechenbare Leistungen" und ggf. träger-spezifische Leistungen.

4. Übergang von der patientenorientierten Zeit- und Leistungserfassung hin zu einer mitarbeiterorientierten Zeit- und Leistungserfassung (Ziel: Überprüfung der Gesamtsumme der täglichen Arbeitszeit):

   Die Pflegemitarbeiter zeichnen von Beginn der Arbeit bis zum Ende alle Leistungen (und die dazugehörigen Zeiten) und Patienten auf.

5. Planung der Leistungen und der Zeit für die Patienten.

6. Kontrolle: Durchführung eines SOLL-IST-Vergleichs der Zeiten, die für die Patienten geplant wurden.

   Dieser Schritt wird noch auf Papierformularen durchgeführt.

7. Letzter Schritt ist die Umsetzung des Verfahrens der Personal-Einsatz-Planung auf EDV:

   a) Planung der täglichen Einsätze in Form von Wochenplänen, erstellt mit einem Tabellenkalkulationsprogramm (z. B. MS-Excel).

   b) Umsetzen im Rahmen eines Verwaltungs- und Abrechnungsprogramms oder im Rahmen eines integrierten Personal-Einsatz-Planungs-Programms.

   c) Weiterführung mit Plandaten auf einem kleinen „Handy-Computer", der allen Mitarbeitern zur Verfügung steht.

      Die Daten auf diesen Geräten werden täglich (wenn nicht gar zu jedem Zeitpunkt einer Veränderung während des Tages [z. B. per Infrarot- oder SMS-Nachricht / über GPS oder andere Methoden der Datenübertragung]) abgeglichen.

      Auf diesen kleinen Computern (mit Display) werden alle Leistungen als SOLL angezeigt – und die Mitarbeiter dokumentieren die Durchführung und ggf. Abweichungen: So sieht die Zukunft der Personal-Einsatz-Planung (anstatt der Zeiterfassung) aus.

Wo stehen Sie?

Die Einführung von EDV (für die Personal-Einsatz-Planung) sollte nicht zu früh erfolgen, wenngleich ein ambulanter Pflegedienst heutzutage ohne den Einsatz von EDV in der Personal-Einsatz-Planung kaum mehr denkbar ist.

Hinweis: Ergänzend lesen Sie hierzu bitte auch Punkt 9. „Warum ist die Zeit reif für EDV-gestützte Personal-Einsatz-Planung?", S. 37

3. Wie groß ist der Synergieeffekt, wenn Leistungen aus SGB V und SGB XI miteinander kombiniert werden?

Der Trick mit der Hausbesuchszeitpauschale

Wie viel Zeit benötigen Mitarbeiter für eine Injektion? Einmal angenommen, 5 Minuten für den gesamten Hausbesuch. Wie lange würden Mitarbeiter benötigen, wenn bei diesem Hausbesuch eine zweite Injektion gegeben würde? Mit Sicherheit nicht doppelt so lange, sondern vielleicht 7 Minuten. Das heißt, die eigentliche Injektion dauert wahrscheinlich 2 Minuten. 3 Minuten entstehen in diesem Fall für das Begrüßen, Ausziehen, Anziehen, die Dokumentation und das Verabschieden des Patienten.

Bei jedem Patienten muss diese geschätzte oder gemessene Hausbesuchsgrundzeit hinterlegt werden. Das ist der Synergieeffekt, wenn mehrere Leistungen gleichzeitig bei einem Hausbesuch erbracht werden. Diese Synergieeffekte treten insbesondere dann auf, wenn die Leistungen aus zwei Leistungsbereichen kommen, so z. B. aus dem SGB V und dem SGB XI. Ich schlage vor, diese Zeit bei 2 – 4 Minuten festzulegen.

Wenn dieser Zeitwert EDV-technisch immer vorgegeben wird (und alle anderen Leistungen dann natürlich kürzer sind), müssen bei der Planung einfach nur die Zeiten der Einzelleistungen plus die Hausbesuchsgrundzeit addiert werden und Sie erhalten eine realistische Zeitsumme für den Hausbesuch (= Einsatz).

Hinweis: Ergänzend lesen Sie hierzu bitte auch Punkt 35. „Nutzen der gemischten Hausbesuche" auf S. 125

Kalkulieren, Organisieren, Steuern   Thomas Sießegger
© Vincentz Network GmbH & Co. KG, Hannover 2009 • ISBN: 978-3-86630-079-8

4. Festlegen von Zeiten für Patienten im Rahmen der täglichen Personal-Einsatz-Planung

Jeder Pflegedienst braucht Zeiten für Einzelleistungen,

> » um im Rahmen der EDV-gestützten Personal-Einsatz-Planung möglichst realitätsnahe Zeiten für die Mitarbeiter vorgeben zu können

und

> » um in Einzelverhandlungen mit den Kassen differenzierte Aussagen machen zu können und Preise zu ermitteln.

Jeder Pflegedienst benötigt zur Steuerung von 80% der Kosten (nämlich der Personalkosten) Instrumente – und deshalb werden sowohl die Zeiten für Einzelleistungen als auch die Gesamtzeiten (für die Patienten) in der täglichen Tourenplanung gebraucht. Sie müssen von Ihnen berechnet und kalkuliert werden.

Nur mit einer Festlegung der Zeiten für Patienten kann dem „Phänomen der immer gleichen Tour" entgegengewirkt werden. Nachfolgende in der Abbildung vorgestellte Vorgehensweise zeigt einen sehr einfachen Weg auf – basierend auf den Erfahrungen der Mitarbeiter –, die Zeiten für Patienten festzulegen. Die Mitarbeiter werden die festgelegten Zeitwerte akzeptieren, denn sie waren bei deren Entwicklung mit dabei.

Kalkulieren, Organisieren, Steuern   Thomas Sießegger
© Vincentz Network GmbH & Co. KG, Hannover 2009 • ISBN: 978-3-86630-079-8

Mit den Mitarbeitern gemeinsam die Zeiten für Patienten entwickeln

Ermittlung der Zeiten pro Patient – in 5 Schritten

1. Schritt	2. Schritt	3. Schritt	4. Schritt	5. Schritt
a) Welche Patienten werden normalerweise in der Tour versorgt? b) Welche Tätigkeiten müssen außerdem noch erbracht werden?	In welcher Zeit (Anfangs- und Endzeit werden die Patienten versorgt und die Tätigkeiten erbracht? Berechnung der Gesamtzeit	Wie viel Zeit wird pro Patient und pro Tätigkeit benötigt? Berechnung der Gesamtzeit	Falls es zwischen Schritt 2 und Schritt 3 zu Abweichungen in der Gesamtzeit kam, müssen diese so lange angepasst werden, bis die Gesamtzeit stimmt.	Übernahme der in Schritt 4 ermittelten Zeiten in die Personal-Einsatz-Planung: Fortan werden diese Zeiten als (Maximal)-Zeiten schriftlich festgehalten.
Maier Müller Schmidt Huber Sießegger ...	7:00 Uhr bis	20 Min. 40 Min. 45 Min. 30 Min. 40 Min. ...	13 Min. 31 Min. 32 Min. 24 Min. 29 Min. ...	Maier 13 Min. Müller 31 Min. Schmidt 32 Min. ... usw.
+ *Tätigkeiten* Arztbesuche Dokumentation Pflegeplanung, usw.	11:00 Uhr = 4,00 Stunden	20 Min. 25 Min. 15 Min. = 6,00 Std.	9 Min. 15 Min. 12 Min. = 4,00 Std.	Wenn nun ein Patient ausfällt, kann nahezu die komplette für ihn/sie geplante Zeit eingespart werden.

5. Wie können Zeiten für Einzelleistungen ermittelt werden?

Wenn Sie die Zeiten für Patienten nicht alleine als PDL entwickeln möchten, können Sie das auch zusammen mit den Mitarbeitern machen. Das hat den Vorteil, dass die Mitarbeiter ein Bewusstsein für die Zeiten entwickeln.

Die in der Tabelle auf S. 21 vorgestellten fünf Schritte werden im Folgenden ausführlich erläutert.

(1) Führen Sie mit jedem Mitarbeiter ein Einzelgespräch:

a) Lassen Sie sich von dem Mitarbeiter alle Patienten nennen, die normalerweise in einer Tour versorgt werden.

b) Anschließend lassen Sie sich alle zusätzlichen Tätigkeiten nennen, die der Mitarbeiter außerdem noch während eines Tages (oder während einer Woche) erledigt, die aber nicht unbedingt an eine bestimmte Uhrzeit oder an einen bestimmten Tag gebunden sind. Ziel ist es, tatsächlich alle Patienten und/oder Tätigkeiten genannt zu bekommen. Diese sind die spätere Basis für die Personal-Einsatz-Planung.

(2) Erfragen Sie von dem Mitarbeiter, wann die Tour normalerweise beginnt und endet und wie lange das in Stunden und Minuten dauert. Das könnten Sie – als PDL – natürlich auch selbst ermitteln, doch es soll das Bewusstsein bei den Mitarbeitern erzeugt werden

– für den zeitlichen Gesamtumfang der Tour und

– für die Zeiten, die bei den Patienten erbracht werden.

Ausnahmen, die die Tour verkürzen oder verlängern, werden nicht berücksichtigt – es wird vom Normalfall ausgegangen.

(3) Versuchen Sie – gemeinsam mit dem Mitarbeiter – Zeiten für die Patienten und für die Tätigkeiten festzulegen: Fragen Sie den Mitarbeiter. In einem ersten Schritt wird der Mitarbeiter wahrscheinlich tendenziell zu hohe Zeitwerte nennen; er wird sich zuerst an die Fälle/Tage erinnern, wo es besonders lange gedauert hat. Schreiben Sie die genannten Zeiten ohne Kommentar auf, auch die für die zusätzlichen Tätigkeiten. Addieren Sie am Schluss die Zeiten – und

Kalkulieren, Organisieren, Steuern   Thomas Sießegger
© Vincentz Network GmbH & Co. KG, Hannover 2009 • ISBN: 978-3-86630-079-8

stellen Sie fest, ob die Summe mit der vorhin in Schritt 2 ermittelten Gesamtzeit übereinstimmt. Das wird nicht der Fall sein.

(4) Nun werden gemeinsam die Zeiten für die Patienten und für die Tätigkeiten festgelegt, so dass die Summe mit der tatsächlichen Arbeitszeit übereinstimmt. Dabei wird man ein bisschen „basteln" müssen. Aber man ist sich einig: In der Summe können die Zeiten nicht höher sein als die „normale" tägliche Arbeitszeit.

(5) Das Ergebnis wird schriftlich festgehalten – und fortan wöchentlich/täglich in den Plan eingetragen.

Anmerkungen:

» Die Vorgehensweise ist natürlich auch ohne Mitarbeit der Pflegekräfte denkbar, nur:
Die Akzeptanz bezüglich der Zeiten wird seitens der Mitarbeiter geringer sein, wenn Sie die Zeiten für Patienten selbst entwickeln und den Mitarbeitern vorgeben.

» Natürlich müssen die ermittelten Zeiten von Ihnen noch „nach oben" oder „nach unten" korrigiert werden.

» Alle Angaben zu den Tätigkeiten beziehen sich auf eine Woche.

» Mit jedem Mitarbeiter sollte einzeln gesprochen werden.

» In dieser schematischen Darstellung werden die Weg-/Fahrtzeiten nicht genannt. Diese können jedoch genauso geplant werden wie die Zeiten für die Patienten. Wichtig ist, dass die Fahrt-/Wegzeiten nicht pauschal mit einem einheitlichen Durchschnittswert geplant werden, sondern immer mit dem individuellen Wert von Patient A nach Patient B.

» Nach der schriftlichen Festlegung der Zeiten für Patienten und Tätigkeiten (Schritt 5) gibt es fortan keine zulässigen Gründe mehr, dass sich (z. B. bei einem Ausfall von Patienten) diese geplante (und eingesparte) Zeit nicht auch in einem früheren Arbeitsende niederschlägt, denn

a) es können die geplanten Tätigkeiten dazwischen geschoben werden – oder

b) es können Tätigkeiten in dieser Zeit ausgeführt werden, die nicht tagesabhängig sind.

Es gibt auch keinen Grund mehr, dass andere Mitarbeiter mehr oder weniger Zeit benötigen.

» Das „Geheimnis" des Erfolges dieser Vorgehensweise liegt darin begründet, dass im Gegensatz zu früher die Zeiten nun schriftlich fixiert sind. Somit ist dann ein schneller Vergleich des Plans mit der Erfassung der Arbeitszeit möglich.

» Zu einem späteren Zeitpunkt kann geprüft werden, ob die Zeiten, die sich aufgrund der bisherigen Tourenzusammenstellung ergeben haben, kompatibel und plausibel sind mit den addierten Zeiten für Einzelleistungen. Ggf. müssen Sie noch einmal korrigierend eingreifen.

6. Welche Daten und Informationen müssen in einen Einsatzplan bzw. Tourenplan?

Wie ein Personal-Einsatz-Plan aussehen sollte

Kapitel

1

2

3

4

Wie detailliert sollte ein Personal-Einsatz-Plan für die Mitarbeiter aussehen?

Grundlage für die Überlegungen ist, dass jeder Einsatz (der für eine längere Zeit bei einem Patienten erbracht werden soll) von Ihnen exakt auf die Bedürfnisse, auf die Kosten und auf die Erlöse hin kalkuliert wird. Was aber nicht heißt, dass „sich alles rechnen muss"!

Die Erfahrung zeigt, dass durch die exakte Berechnung der Touren letzten Endes den Mitarbeitern zu viele Informationen mitgegeben werden könnten, die sie verunsichern. Andererseits müssen Sie jedem Mitarbeiter vom Beginn der Arbeitszeit bis zum Ende der gesamten geplanten Leistungen alle Patienten und Tätigkeiten richtig und möglichst individuell planen und kalkulieren. Dabei stehen Ihnen grundsätzlich folgende Instrumente und Informationen zur Verfügung:

» Hinter jeder Leistung und jedem Leistungskomplex ist ein exakter Zeitwert hinterlegt. Diese Zeiten wurden im Vorfeld von Ihnen in allen Einzelheiten „im Hintergrund" exakt berechnet.

» Alle Zeitwerte werden addiert und zu einem Leistungspaket geschnürt. Diese summierten Zeitwerte berücksichtigen auch die Kombination der Leistungen und sind auf den Einzelfall des Patienten abgestimmt. Siehe Punkt 3 „Trick mit der Hausbesuchszeitpauschale", S. 19.

» Dadurch, dass Sie grundsätzlich den Erstbesuch durchführen, sind Sie in der Lage, die Besonderheiten des Patienten abzuschätzen, die zu einem Auf- oder Abrunden der errechneten Zeit führen können. Diese individuellen Veränderungen führen Sie durch.

6.1. Vorgehensweise zur Erstellung des Personal-Einsatz-Plans

Checkliste zum Festlegen der Teilschritte der Personal-Einsatz-Planung

1. Der Beginn der täglichen Arbeitszeit der Mitarbeiterin wird festgelegt, für jeden Tag der Woche, an dem sie arbeitet.

Kalkulieren, Organisieren, Steuern   Thomas Sießegger
© Vincentz Network GmbH & Co. KG, Hannover 2009 • ISBN: 978-3-86630-079-8

2. Auflisten **aller Patienten** mit zugehöriger errechneter Zeit in exakten Minuten (keine Rundung in 5-Min.-Schritten!).

3. Auflisten und Einfügen **aller Tätigkeiten**, die während des Tages oder der Woche verrichtet werden sollen – mit zugehörigem Erfahrungswert in Minuten. Hierzu sollten Durchschnittswerte verwendet werden.

4. Auflisten der individuellen Fahrtzeiten und Wegzeiten vom Pflegedienst zu den Patienten – und von Patient zu Patient – aufgrund von Erfahrungen (keine Rundung in 5-Min.-Schritten!).

5. Übertragen der Zeiten in den Plan und Berechnung der jeweiligen Anfangs- und Endzeit (Uhrzeit) bei den Leistungen (Patienten) und bei den Tätigkeiten.

6. Berechnen der Endzeit des täglichen Einsatzes.

7. Löschen der Uhrzeitangaben zwischen der Anfangzeit des Tages und der Endzeit.

8. Löschen der Angaben zu den Fahrten und zu den Wegzeiten aus dem Plan.

9. Zusammenstellen der verbleibenden Informationen.

10. Planen und Übertragen des ersten Tages für eine ganze Woche (oder sogar noch besser: für einen ganzen Monat, im Rahmen eines grundsätzlichen Besuchsplans).

11. Ausdruck des Wochen- oder Monatsplans für alle Mitarbeiter.

12. Aushängen im Pflegedienst. Allerdings werden Sie sehen: Im Laufe der Zeit benötigen die Mitarbeiter gar keinen Aushang mehr. Es muss lediglich einen Ort geben (außerhalb des PCs), wo man sofort nachsehen kann, wer wo in welcher Tour bei welchen Patienten ist ... um dort ggf. anzurufen.

Nachdem die Zeiten für Einzelleistungen ermittelt wurden, entsteht die nächste Frage: Wie differenziert sollte ein Einsatzplan aussehen?

Weniger differenzierte Minutenangaben

Zusammensetzung der Leistungen für den Patienten Müller

Hausbesuchspauschale	4 Min.
Kleine Pflege	18 Min.
Lagern/Betten	7 Min.
Hilfe bei Nahrungsaufn.	6 Min.
Decubitusversorgung	8 Min.
= Gesamtzeit	43 Min.

Diese Daten sind in der EDV hinterlegt und dienen der Personal-Einsatz-Planung.

Exakte Planung für den 11. September 2009

Fahrt	14 Min.
Maier	23 Min.
Fahrt	6 Min.
Müller	**43 Min.**
Fahrt	4 Min.
Schmidt	34 Min.
Fahrt	6 Min.
Huber	29 Min.

usw.

Diese Informationen sind in der Regel zu stark differenziert, sie verwirren die Mitarbeiter.

Einsatz-Plan für die Mitarbeiterin

Beginn	7:00 Uhr
Maier	23 Min.
Müller	43 Min.
Schmidt	34 Min.
Huber	29 Min.
usw.	
Ende	11:14 Uhr

Die Information in dieser Form reichen aus für die Pflege-Mitarbeiter.

Welche Leistungen beim Patienten ausgeführt werden sollen, kann in der entsprechenden Pflegedokumentation stehen, die beim Patienten liegt.

Auch hier hat die Praxis gezeigt, dass zu viele Informationen die Pflegemitarbeiter verwirren können. Eine weitere Gefahr besteht darin, dass aus den schriftlich fixierten Zeiten, die dem Patienten einsichtig sind, evtl. Zeitansprüche abgeleitet werden (wofür es aber in der Regel keinen Rechtsanspruch gibt).

Zu viele exakte Minutenangaben verwirren die Mitarbeiter oft. Auf den Punkt gebracht: Meist reicht es aus,

» die Anfangszeit,

» die Minuten pro Patient und

» die Endzeit der Tour

anzugeben. Nicht unbedingt notwendig sind

» exakte Fahrtzeiten von Patient zu Patient,

» exakte Uhrzeiten innerhalb der Tour.

Letzten Endes kommt es aber darauf an, wie die Mitarbeiter mit diesen Angaben umgehen können. Testen Sie einfach, wie es am besten bei ihnen funktioniert.

6.2. Die Mitarbeiter nicht mit zu vielen Informationen irritieren

Das Beispiel von oben wird hier noch einmal ausführlicher dargestellt

Die detaillierte Planung der Pflegedienstleitung

	von Uhrzeit	Patient/Tätigkeit	bis Uhrzeit	in Min.
		Montag, 7. Januar		
Beginn	07:00	Infos besorgen	07:17	17
	07:17	Fahrt	07:22	5
	07:22	Frau Müller	07:54	32
	07:54	Fahrt	07:58	4
	07:58	Frau Maier	08:39	41
	08:39	Fahrt	08:47	8
	08:47	Frau Huber	09:11	24
	09:11	Fahrt	09:23	12
	09:23	Herr Sießegger	09:57	34
	09:57	Fußweg	09:58	1
	09:58	Herr Kaiser	10:39	41
	10:39	Fahrt	10:46	7
	10:46	Frau König	10:55	9
	10:55	Fahrt	11:00	5
	11:00	Frau Thielemann	11:49	49
	11:49	Fahrt	11:52	3
	11:52	Herr Neumann	12:15	23
	12:15	Fahrt	12:21	6
	12:21	VO Dr. Schnell	12:41	20
	12:41	Fahrt	12:43	2
	12:43	Übergabe in Station	13:00	17
Ende	13:00			

Das bekommt der Mitarbeiter zu sehen: die reduzierte Darstellung im Touren- oder Einsatzplan

		Patient/Tätigkeit	in Min.
		Montag, 7. Januar	
Beginn	07:00	Infos besorgen	17
		Frau Müller	32
		Frau Maier	41
		Frau Huber	24
		Herr Sießegger	34
		Herr Kaiser	41
		Frau König	9
		Frau Thielemann	49
		Herr Neumann	23
		VO Dr. Schnell	20
		Übergabe in Station	17
Ende	13:00		

Checkliste: Was sollte an Informationen in den Einsatzplan?

Diese Informationen sollten in den täglichen Einsatzplan der Mitarbeiter:

» **Beginn** des Arbeitstages mit Uhrzeitangabe (z. B. 7:00 Uhr),

» aufgelistete **Patienten** und Tätigkeiten **mit Minutenwerten** dahinter,
Müller 32 Min.
Maier 41 Min.
usw.

» **Ende** des Arbeitstages (z. B. 13:00 Uhr).

... nicht mehr und nicht weniger.

Allenfalls kann der Einsatzplan auch noch als Ersatz für ein Fahrtenbuch genutzt und die Kilometer können dort notiert werden. Den Mitarbeitern kann zusätzlich angegeben werden, zu welcher Uhrzeit sie ungefähr beim Patienten sein sollten.

Durch diese Vorgehensweise bekommt die Mitarbeiterin zwar einerseits ausreichende Informationen, um über die individuellen zeitlichen Bedürfnisse der Patienten Bescheid zu wissen, andererseits wird sie nicht durch eine zu exakte Angabe von Uhrzeit und Minuten eingeengt in ihren vielfachen Entscheidungen, ob sie länger oder kürzer bei dem Patienten verweilen möchte bzw. muss. Informationen zur exakten Fahrtzeit zwischen den Patienten sollten nicht ausgedruckt werden, da sie die Mitarbeiter erfahrungsgemäß zu sehr zeitlich unter Druck setzen.

Das Motto für die Mitarbeiter muss lauten: „Entspannt bleiben".
„➜ Benötige ich bei einem Patienten mehr Zeit als geplant, so bleiben mir noch 8 oder 9 Möglichkeiten (= Patienten), die Zeit bei anderen Patienten wieder auszugleichen. Hauptsache, am Ende des Tages stimmt die Zeit mit dem Plan einigermaßen überein." Übrigens: Der Plan kann unter Umständen auch vorsehen, dass die Tour nicht „kostendeckend" ist.

Die gesamte Arbeitszeit pro Tag sollte fortan manchmal geringfügig unterschritten oder geringfügig überschritten werden können, ohne dass gleich der ganze Plan verworfen wird. Andererseits sollten die Mitarbeiter bei gravierenden Abweichungen oder bei verkehrsbedingten außergewöhnlichen zeitlichen Belastungen diese Gründe schriftlich vermerken. Allerdings sollte von Seiten der Pflegedienstleitung so gut geplant werden, dass die Mitarbeiter die Minutenwerte für die Patienten nicht als Höchstwerte ansehen, sondern als Durchschnittswerte oder Anhaltswerte, mit anderen Worten: Es sollte genau so viele Begründungen für Abweichungen nach unten geben wie nach oben. Das setzt allerdings auch ein gewisses Training mit dem Umgang von Orientierungszeiten voraus.

7. Soll eine zweite Kraft zum Einsatz kommen?

Eine (rein) wirtschaftliche Entscheidung im Rahmen der Personal-Einsatz-Planung

Sie stehen oft vor der Frage,

» sollen Sie eine examinierte Pflegefachkraft für einen kombinierten Einsatz (aus SGB V und SGB XI) einplanen
– oder

» sollen zwei Kräfte (eine examinierte Pflegefachkraft und ein Helfer)

zum Einsatz kommen?

Intuitiv wird die Frage oft damit beantwortet, dass die Neigung besteht, zu sagen: „Schicke ich zwei Kräfte hin, muss eine zweite Kraft zusätzlich zur ersten Kraft hinfahren, das lohnt sich bestimmt nicht."

Das soll genauer betrachtet werden. In der nachfolgenden Berechnung werden Überlegungen folgender Art außer Acht gelassen:

» Die Ganzheitlichkeit der Leistungserbringung.

» Kann man bei einer Zuordnung von Funktionen und Tätigkeiten zu Qualifikationen noch von Bezugspflege sprechen?

» Sind genügend Autos vorhanden, um die Einsätze geteilt durchzuführen?

» Die Berechnung berücksichtigt nicht die Synergieeffekte eines gemeinsamen Einsatzes.

» Die Berechnung berücksichtigt auch nicht die zusätzlichen Kosten, die durch den hohen organisatorischen Aufwand entstehen, mehrere Kräfte zu einem Patienten zu schicken.

Es handelt sich lediglich um die rechnerische alternative Abwägung:
Was kostet die eine und was kostet die andere Alternative? Infolgedessen kann es (nach der Berechnung der beiden Alternativen) zu einer Entscheidung kommen, die trotz höherer Kosten den Einsatz von nur einer examinierten Pflegefachkraft bevorzugt.

Die Berechnung hat das Ziel, Kostenbewusstsein bei der Planung der Einsätze sicherzustellen. Wenn also zum Beispiel als Ergebnis heraus kommt, dass der

Kalkulieren, Organisieren, Steuern   Thomas Sießegger
© Vincentz Network GmbH & Co. KG, Hannover 2009 • ISBN: 978-3-86630-079-8

Einsatz von zwei Kräften günstiger ist als der Einsatz von nur einer Kraft, können Sie aus pflegefachlichen Gründen trotzdem anders entscheiden. Wichtig ist, dass Sie über die betriebswirtschaftlichen Konsequenzen Ihres Handels Bescheid wissen.

Voraussetzung für die Anwendung dieser Berechnung ist, dass eine interne Kalkulation stattgefunden hat bezüglich der exakten Kosten für ...

a) eine examinierte Pflegefachkraft (mit 3-jähriger Ausbildung),

b) eine Pflegekraft/Helferin (mit 1-jähriger Ausbildung),

c) eine un- oder angelernte Pflegekraft,

d) andere Mitarbeiter (z. B. Zivildienstleistende oder Mitarbeiter im Freiwilligen Sozialen Jahr oder ähnliche).

Hinweis: Ergänzend lesen Sie bitte auch „Wie wird richtig kalkuliert?", S. 155

Die Fragen können mit einem Blick in die nachfolgende Tabelle betriebswirtschaftlich gelöst werden.

Personal-Einsatzplanung mit geteilten Einsätzen

Beispiel

Ab wie viel Minuten eines Einsatzes (oder einer Leistung) lohnt es sich, für eine teurere Kraft (z. B. eine examinierte Pflegefachkraft) eine kostengünstigere Kraft (z. B. einen Helfer) einzusetzen?

Alle Berechnungen ohne Gewähr!

Die günstigere Kraft müsste dann zusätzlich zur teureren Kraft hinfahren. Dies kann z. B. sinnvoll sein bei einer Kombination von Behandlungspflegeleistungen (hier ist eine Pflegefachkraft notwendig) und von Leistungen nach SGB XI (Fachkraft nicht unbedingt notwendig).

Durchschnittliche Wegezeit: 7,0 Min. ... von Patient zu Patient

Achtung: Dies ist eine Betrachtung unter reinen Kostengesichtspunkten. **Alle Angaben im inneren Viereck in Minuten.**

Interne Stundensätze in Euro/Std. (der günstigeren Kraft)

Interne Stundensätze der teureren Kraft in Euro/Std.

	20 €	21 €	22 €	23 €	24 €	25 €	26 €	27 €	28 €	29 €	30 €	31 €	32 €	33 €	34 €	35 €	36 €	37 €	38 €	39 €	40 €	41 €	42 €	43 €	44 €	45 €
20 €	140																									
21 €	70	147																								
22 €	47	74	154																							
23 €	35	49	77	161																						
24 €	28	37	51	81	168																					
25 €	23	29	39	54	84	175																				
26 €	20	25	31	40	56	88	182																			
27 €	18	21	26	32	42	58	91	189																		
28 €	16	18	22	27	34	44	61	95	196																	
29 €	14	16	19	23	28	35	46	63	98	203																
30 €	13	15	17	20	24	29	36	47	65	102	210															
31 €	12	13	15	18	21	25	30	38	49	68	105	217														
32 €	11	12	14	16	19	22	26	32	39	51	70	109	224													
33 €	10	11	13	15	17	19	23	27	33	41	53	72	112	231												
34 €	10	11	12	13	15	18	20	24	28	34	42	54	75	116	238											
35 €	9	10	11	12	14	16	18	21	25	29	35	43	56	77	119	245										
36 €	9	10	11	12	13	15	17	19	22	26	30	36	45	58	79	123	252									
37 €	8	9	10	11	12	13	15	17	19	22	26	31	37	46	60	82	126	259								
38 €	8	9	10	11	12	13	14	16	18	20	23	27	31	37	46	61	84	130	266							
39 €	7	8	9	10	11	13	14	16	17	20	23	27	32	39	48	61	84	130	133	273						
40 €	7	8	8	9	11	12	13	15	16	18	**21**	22	25	28	33	40	49	63	86	133	280					
41 €	7	7	8	9	10	11	12	14	15	17	19	22	25	29	34	41	50	65	89	137	140	287				
42 €	6	7	8	9	10	11	12	13	14	16	18	20	22	26	30	35	42	52	67	91	140	144	294			
43 €	6	6	7	8	9	10	11	12	13	15	16	18	20	23	26	31	36	43	53	68	93	144	147	301		
44 €	6	6	7	7	8	9	10	11	12	14	15	17	19	21	24	27	32	37	44	55	70	96	147	151	308	
45 €	6	6	7	7	8	9	10	11	12	13	14	16	17	19	22	25	28	37	38	46	56	72	98	151	308	315

Beispiel: Folgende Werte wurden im Pflegedienst errechnet:
Eine Pflegefachkraft kostet 40,– Euro/Std., ein Helfer 30,– Euro/Std.

Soll die Pflegefachkraft beide Leistungen erbringen?
Oder sollen zwei Kräfte zum Patienten fahren, die eine (examinierte PFK) erbringt die Dekubitusversorgung, die andere (Helfer) – mit zusätzlicher Fahrt – die Große Morgentoilette?

Hinweis: Ob das pflegefachlich sinnvoll ist, sei hier außer acht gelassen. Später bei der Entscheidung können Sie dies gerne berücksichtigen.

Lösung und Interpretation der Tabelle:
Aus betriebswirtschaftlicher Sicht macht es Sinn, ab 21 Minuten für die „niederwertigere" Leistung einen Mitarbeiter zusätzlich zum Patienten fahren zu lassen. In diesem Fall also sollte man (aus betriebswirtschaftlichen Gründen) zwei Personen mit unterschiedlicher Qualifikation zu zwei Einsätzen schicken, da für die Große Morgentoilette 24 Min. angesetzt sind.

Bei dem Patienten sollen folgende Leistungen erbracht werden:

Leistungen	interner Anhaltswert in Min.
Dekubitusversorgung	12 Min.
Große Morgentoilette	24 Min.

Diese Tabelle finden Sie als kostenlosen Download unter www.siessegger.de/buch2009/downloads.htm

Lösung und Interpretation der Tabelle:

Aus betriebswirtschaftlicher Sicht macht es Sinn, ab 21 Minuten für die Leistung (für welche die höhere Qualifikation nicht Voraussetzung ist) eine Mitarbeiterin zusätzlich zum Patienten fahren zu lassen. In diesem Fall also sollte man (aus betriebswirtschaftlichen Gründen!) zwei Personen mit unterschiedlicher Qualifikation zu zwei Einsätzen schicken, da für die Große Morgentoilette 24 Min. angesetzt sind.

Ein paar Regeln und Anmerkungen zum Schluss:

» Wie Sie im Anschluss an diese Berechnung entscheiden, ist letzten Endes unerheblich; wichtig ist, dass Ihnen die wirtschaftlichen Konsequenzen Ihres Handelns bewusst sind.

» Nicht jeder Einsatz und nicht jeder Patient muss sich rechnen.

1. Von Pflegedienstleitungen wird immer wieder bemerkt, dass der Einsatz von examinierten Pflegefachkräften wesentlich einfacher zu steuern ist, da keine Überlegungen stattfinden müssen, ob die Mitarbeiter den auszuführenden Tätigkeiten gewachsen sind; sie kann davon ausgehen, dass eine examinierte Pflegefachkraft alles kann.

2. Es bestätigt sich der Trend, dass Pflegedienste mit einem Anteil von 60%–80% an examinierten Pflegefachkräften bessere betriebswirtschaftliche Ergebnisse erzielen als Pflegedienste mit einem Anteil von 40%–60% an examinierten Kräften.

8. Welche 3 Phasen gibt es für die Personal-Einsatz-Planung?

Das 3-Phasen-Modell der Personal-Einsatz-Planung: Wie ein Personal-Einsatz-Plan individuell für die Praxis entwickelt werden kann

Wenn in Pflegediensten eine minutiöse Personal-Einsatz-Planung eingeführt wird, kann es zu vielen Missverständnissen kommen. Allein die Tatsache, dass Sie ankündigen, zukünftig werde „nach Minuten" gearbeitet, löst oft Angst bei den Mitarbeitern aus. Schnell ist die Rede von „Pflege im Minutentakt" oder „Rennpflege". Dabei besagt ein durchschnittlicher (schriftlich fixierter) Zeitwert in keinem Fall, dass die Mitarbeiter schneller als früher arbeiten sollen.

Anhand eines Zahlenbeispiels soll demonstriert werden, dass immer genug Individualität in der Personal-Einsatz-Planung vorhanden sein muss. Allerdings ist – aus meiner Sicht – die tatsächliche Umsetzung in der Praxis leider nicht immer so differenziert.

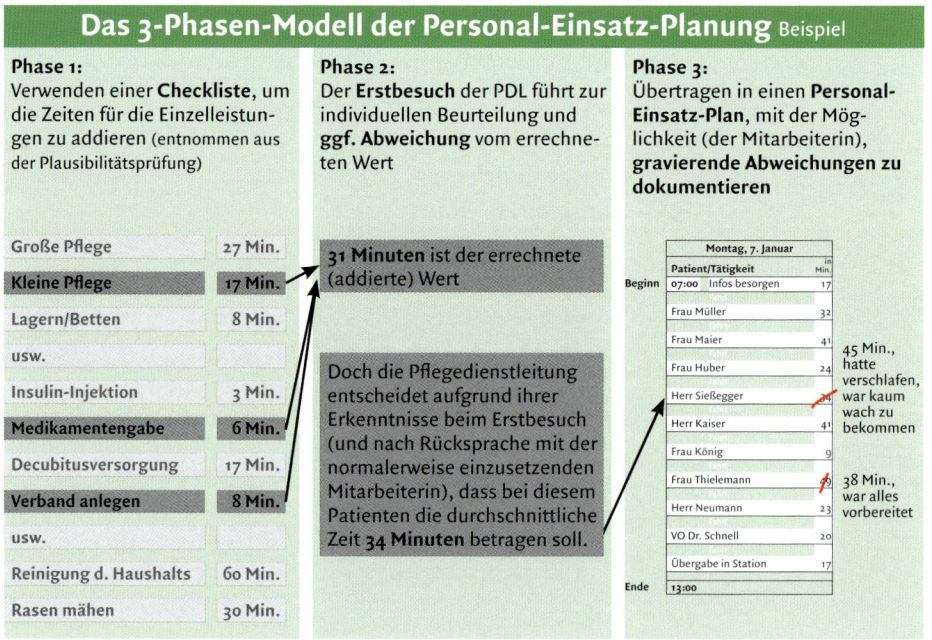

Das 3-Phasen-Modell der Personal-Einsatz-Planung Beispiel

Phase 1:
Verwenden einer **Checkliste**, um die Zeiten für die Einzelleistungen zu addieren (entnommen aus der Plausibilitätsprüfung)

Phase 2:
Der **Erstbesuch** der PDL führt zur individuellen Beurteilung und **ggf. Abweichung** vom errechneten Wert

Phase 3:
Übertragen in einen **Personal-Einsatz-Plan**, mit der Möglichkeit (der Mitarbeiterin), **gravierende Abweichungen zu dokumentieren**

Große Pflege	27 Min.
Kleine Pflege	17 Min.
Lagern/Betten	8 Min.
usw.	
Insulin-Injektion	3 Min.
Medikamentengabe	6 Min.
Decubitusversorgung	17 Min.
Verband anlegen	8 Min.
usw.	
Reinigung d. Haushalts	60 Min.
Rasen mähen	30 Min.

31 Minuten ist der errechnete (addierte) Wert

Doch die Pflegedienstleitung entscheidet aufgrund ihrer Erkenntnisse beim Erstbesuch (und nach Rücksprache mit der normalerweise einzusetzenden Mitarbeiterin), dass bei diesem Patienten die durchschnittliche Zeit **34 Minuten** betragen soll.

Montag, 7. Januar		
Patient/Tätigkeit		in Min.
Beginn	07:00 Infos besorgen	17
	Frau Müller	32
	Frau Maier	41
	Frau Huber	24
	Herr Sießegger	24
	Herr Kaiser	41
	Frau König	9
	Frau Thielemann	49
	Herr Neumann	23
	VO Dr. Schnell	20
	Übergabe in Station	17
Ende	13:00	

45 Min., hatte verschlafen, war kaum wach zu bekommen

38 Min., war alles vorbereitet

Kalkulieren, Organisieren, Steuern   Thomas Sießegger
© Vincentz Network GmbH & Co. KG, Hannover 2009 • ISBN: 978-3-86630-079-8

In Phase 1 bedient man sich einer pflegedienstinternen Checkliste, in der für alle Leistungen (also auch für die „nicht abrechenbaren Leistungen" und für die trägerspezifischen Leistungen) exakte Minutenwerte hinterlegt sind.

Diese Checkliste muss plausibel sein, d. h. die Anzahl aller Leistungen multipliziert mit den jeweils hinterlegten (individuell angepassten) Zeiten muss in der Summe der tatsächlichen Arbeitszeit der Mitarbeiter entsprechen. Aus der Summe dieser Einzelzeitwerte errechnen Sie einen Gesamtzeitwert, in unserem Beispiel 31 Minuten.

Phase 2:
Bereits beim Erstbesuch haben Sie einen Eindruck von dem Patienten gewonnen. Ausgangspunkt ihrer weiteren Überlegungen ist der Wert von 31 Minuten. Sie können und sollen jedoch diesen Zeitwert nach oben oder unten anpassen aufgrund besonderer Umstände, z. B.

» unterschreiten, wenn es die Situation des Patienten erlaubt, da dieser die Leistungen zwar benötigt (vielleicht aber nicht in allen Teilkomponenten) – und überhaupt noch relativ agil ist;

» überschreiten, wenn eine besonders aufwendige aktivierende Pflege notwendig ist, die zeitlich über das durchschnittliche Maß hinausgeht, wo aber trotzdem keine anderen zusätzlichen Leistungskomplexe infragekommen.

Am sinnvollsten ist diese Änderung dann, wenn der Pflegemitarbeiter, der die Tour im Allgemeinen fährt, der Pflegedienstleitung eine Rückmeldung gegeben hat, wie sich der Patient innerhalb der ersten 7 – 10 Tage entwickelt hat, d. h. Sie machen diese Festlegung der Zeit nicht ohne eine Mitteilung oder eine Rücksprache mit dem dann in der Tour zuständigen Mitarbeiter. In unserem Beispiel korrigieren Sie den errechneten Wert auf 34 Minuten, weil Sie dies für pflegefachlich notwendig halten.

In Phase 3 wird der von Ihnen erstmals modifizierte Zeitwert der Pflegemitarbeiter über den schriftlichen Personal-Einsatz-Plan mitgeteilt. Nun kann zum zweiten Mal in diesem Prozess der Erstellung und Umsetzung der Personal-Einsatz-Planung die Zeit für den Patienten individuell angepasst werden:

Weicht die tatsächliche Zeit der Leistungserbringung gravierend von der vorgegebenen geplanten Zeit ab (z. B. ab einer Abweichung von +/– 5 Minuten), macht der Mitarbeiter im Personal-Einsatz-Plan eine entsprechende Notiz.

Bei minimalen Abweichungen erfolgt keine Erfassung. In unserem Beispiel korrigiert der Pflegemitarbeiter den vorgegebenen Wert auf 45 Minuten und macht handschriftlich eine Begründung für die Überschreitung.

Es ist zu erwähnen, dass geplante Zeitwerte über- und unterschritten werden können. Leider fassen Mitarbeiter geplante Zeitwerte allzu oft als Maximalwerte auf. Sie sind also selten schneller als der Plan. In der Regel können Mitarbeiter eine Zeitüberschreitung – aller Wahrscheinlichkeit nach – bei anderen Patienten wieder kompensieren, so dass am Ende die geplante Endzeit der Tour wieder einigermaßen stimmt.

Werden bei einer Tour die Zeitwerte immer überschritten, dann haben entweder Sie eine falsche Planung abgeliefert oder der eingesetzte Pflegemitarbeiter hat den Umgang mit Durchschnittswerten nicht verstanden. Schulungen im Umgang mit Durchschnitts- oder Anhaltswerten sind notwendig. Wie zu sehen ist, kann, darf und soll die Individualität des einzelnen Menschen sowohl bei der Planung als auch bei der tatsächlichen Leistungserbringung berücksichtigt werden.

9. Warum ist die Zeit reif für EDV-gestützte Personal-Einsatz-Planung? Und wie wird dadurch die Effizienz erhöht?

Die Technik umfassend nutzen

Die Einführung einer EDV-gestützten Personalentwicklung (EDV-PEP) steht in den meisten Pflegediensten an, wenn sie nicht schon in der Vergangenheit eingeführt wurde. Die Einführung führt zu massiven Veränderungen. Mit EDV-PEP meine ich die Möglichkeit der minutiösen Planung der Einsätze, der Leistungen und der Fahrten/Wege. Weiterhin ist dadurch erst ein ständiger SOLL-IST-Abgleich möglich und es kann eine beschleunigte Abrechnung erfolgen. Die Abrechnung selbst ist wiederum automatische Folge der Planung und des SOLL-IST-Abgleichs. Damit erfolgt auch die Aufhebung der bisherigen Trennung von Planung (war bisher Aufgabe der Pflegedienstleitung) und Abrechnung (war bisher Aufgabe der Verwaltungskraft).

Durch diesen (aufwendigen) Prozess, der durch Sie zu erfolgen hat, ergeben sich Chancen, diese einmal eingegebenen Daten für verschiedene Zwecke automatisch zu nutzen. Somit führt dies zu einer Verschiebung von Arbeitszeit von der Verwaltungskraft hin zu Ihren Aufgaben, insgesamt erfolgt aber in der Regel eine Einsparung von Arbeitszeit. Mehr und bessere Auswertungsmöglichkeiten gehen einher mit einer effizienteren Personal-Einsatz-Planung mit bedeutsamen möglichen Einsparungen bei den Personalkosten. Zu den Personalkosten-Einsparungen kommt es aber meist gar nicht, da parallel hierzu weitere Ertragspotentiale erkannt werden und in der Folge realisiert werden können.

Vor der Einführung muss überlegt werden, ob alle Voraussetzungen vorhanden sind, die eine Einführung sinnvoll machen. So sollte z. B. eine gewisse Größe des Pflegedienstes vorhanden sein (ca. > 50 ständig versorgte Patienten). Weiterhin müssen mindestens drei Personen sehr gut mit EDV umgehen können (Sie, Ihre Stellvertretung und Verwaltungskraft), um die Abhängigkeit aller möglichen Abrechnungen und Auswertungen (und damit der Existenz des Pflegedienstes) auf möglichst viele Köpfe zu verteilen.

Außerdem sollte der Pflegedienst „reif sein" für so viel EDV, d. h. es sollte schon eine Zeiterfassung per Papier und Hand erfolgt sein, damit die Mitarbeiter überhaupt geneigt und bereit sind, zukünftig mit mobilen Gerä-

Kalkulieren, Organisieren, Steuern   Thomas Sießegger
© Vincentz Network GmbH & Co. KG, Hannover 2009 • ISBN: 978-3-86630-079-8

ten die Leistungen zu erfassen. Letztlich muss die Einführung im Rahmen eines Projektplans erfolgen, damit sich auch tatsächlich der volle Nutzen der EDV-gestützten Personal-Einsatz-Planung entfalten kann.

Hinweis: Ergänzend lesen Sie bitte auch Punkt 22. „Wie entsteht eine Abrechnung automatisch – als Resultat der EDV-gestützten Personal-Einsatz-Planung?", S. 80

10. Welchen Nutzen ergibt eine EDV-gestützte Personal-Einsatz-Planung?

Die EDV-gestützte Personal-Einsatz-Planung vereinigt Aufgaben, die bisher getrennt voneinander oder von unterschiedlichen Personen erbracht wurden.

Welche Daten und Informationen sollten in den Einsatzplan?

Der Einsatzplan sollte folgende Informationen enthalten und Anforderungen erfüllen:

a) Angabe aller zu erbringenden Leistungen aus SGB V, SGB XI, für Privatzahler, nach SGB XII und als Trägerleistungen.

b) „Hinter" den Leistungen sind exakte Zeiten hinterlegt, die eine Zuordnung zu SGB V, SGB XI usw. ermöglichen; auch Fahrtzeiten werden minutiös geplant. Diese Zeiten können pro Patient und Tour individualisiert werden.

c) Aus der Eingabe errechnen sich die Anfangs- und die Endzeiten der Arbeit der Mitarbeiter; die Eingaben der Personal-Einsatz-Planung werden mit dem Dienstplan automatisch abgestimmt, Abweichungen werden registriert.

d) Weitere Informationen wie Diagnosen, Zuordnung der Hausärzte, Aspekte der Pflegeplanung und -dokumentation, Alter, Geschlecht, Informationen, „woher die Patienten kommen", an wen weiter vermittelt wurde usw. werden und können später für Statistiken und andere strategische Überlegungen genutzt werden.

Die Eingabe der Daten für die Personal-Einsatz-Planung erfolgt durch Sie, nicht durch die Verwaltungskraft, da diese meist die pflegefachlichen Voraussetzungen nicht mitbringt. Die Personal-Einsatz-Planung setzt Ihren Erstbesuch voraus; Sie sollten sich noch mit den zuständigen Mitarbeitern absprechen.

Der Zeitaufwand am PC für die täglichen Eingaben und die Anpassung der Personal-Einsatz-Planung Eingaben beträgt ca. 2 – 4 Stunden pro Tag für Sie. Ausgegangen wird hier von einem Pflegedienst mit ca. 120 Patienten.

Mehr oder wenig automatisch ergeben sich folgende Auswertungen als Resultat der EDV-gestützten Personal-Einsatz-Planung.

Kalkulieren, Organisieren, Steuern   Thomas Sießegger
© Vincentz Network GmbH & Co. KG, Hannover 2009 • ISBN: 978-3-86630-079-8

a) Abrechnung der Leistungen

Bisher erfolgte die Abrechnung i. A. durch die Verwaltungskraft. Das ist zukünftig nicht mehr notwendig, denn es muss „nur noch" ein SOLL-IST-Abgleich der erbrachten mit den geplanten Leistungen stattfinden. Ansonsten ergeben sich die Abrechnungen mehr oder weniger durch Knopfdruck. **Hier kommt es also zu einer Arbeitszeitverlagerung von der Verwaltungskraft hin zu Ihnen.**

b) Kostenstellenrechnung

Die Kostenstellenrechnung ist mehr oder weniger ein „Abfallprodukt" der EDV-gestützten Personal-Einsatz-Planung, da alle für die Kostenstellenbildung notwendigen Daten von Ihnen schon bei der Planung zugeordnet werden:

1) Hinterlegte minutiöse Zeiten als auch die
2) Anzahl der Hausbesuche (die sich sogar teilweise überschneiden).

Insgesamt führt die Automatik zu einer Arbeitszeitreduktion.

c) Arbeitszeiterfassung und Lohnbuchhaltung

Durch den SOLL-IST-Abgleich (= Kontrolle der Einhaltung der Personal-Einsatz-Planung) wird de facto eine Arbeitszeiterfassung generiert. Die EDV ordnet diese Arbeitszeiten automatisch. Veränderungsbedarf besteht i. d. R. in der Abstimmung und Anpassung der Tätigkeiten bei dem Mitarbeiter, der bisher die Lohnbuchhaltung durchführte. **Zeiteinsparungen sind in diesem Bereich möglich, da die erneute Eingabe der Daten entfällt.**

d) Statistiken, Auswertungen, Kennzahlensystem

Bei der Neuanlage bzw. bei Veränderungen der Patientenstammdaten werden alle festgelegten notwendigen Daten erfasst. Dies kann durchaus umfangreich sein.

Für alle möglichen Auswertungen, die bei dem jeweiligen Programm möglich sind, **ergibt sich** – neben dem Nutzen der Auswertungen für Entscheidungen – **eine erhebliche Zeitersparnis, die realisiert werden sollte durch einen weiteren Stundenabbau in der Verwaltung.**

11. Wie kann der Übergang zur EDV-gestützten Personal-Einsatz-Planung gestaltet werden? Wie viel Verwaltung kann abgebaut werden?

Die Verschiebung eines Teils der Tätigkeiten einer Verwaltungskraft hin zu Ihrem Aufgabenfeld bedeutet Personalabbau im Bereich der Verwaltungskraft und mehr Leitungsstunden für Sie und Ihre Stellvertretung. Dass dies bei der Verwaltungskraft im Rahmen der Besitzstandswahrung und gewohnter Arbeitszeiten zu Problemen führen kann, ist klar. Deshalb sollte ein Projektplan erstellt werden. Ohne den Abbau von Stunden bei der Verwaltungskraft kann die Einführung nur erfolgen, wenn Expansion stattfindet und diese den möglichen Abbau kompensiert.

Im Rahmen der Erlöse führt die EDV-gestützte Personal-Einsatz-Planung meist zu der Erkenntnis, dass mehr Leistungen abgerechnet werden können als in der Vergangenheit bzw. dass auch Arbeitszeiten bei den Mitarbeitern optimiert werden können.

Der Übergangszeitraum sollte ca. ein 1/4 – 1/2 Jahr betragen, um von der bisherigen Struktur zu neuen Abläufen und Arbeitszeiten zu kommen. Eher schnell als zu lange.

Auf jeden Fall sollten alle möglichen Zeiteinsparungen und Erlössteigerungen realisiert werden, ansonsten verringert sich der Nutzen der Einführung der EDV-gestützten Personal-Einsatz-Planung.

Kalkulieren, Organisieren, Steuern   Thomas Sießegger
© Vincentz Network GmbH & Co. KG, Hannover 2009 • ISBN: 978-3-86630-079-8

12. Warum sich nicht alles rechnen muss

Der strategische Umgang mit Kosten und Erlösen

12.1.   Nicht jede Leistung muss sich rechnen

Seit Einführung der Pflegeversicherung gelten in den meisten Bundesländern Leistungskataloge mit Leistungskomplexen. Ursprünglich wurden damals für diese Kataloge Leistungen festgelegt nach dem Motto: „Eine Leistung mit 400 Punkten entspricht 40 Minuten."

Das ist in den meisten Fällen zu hoch. Andererseits wurde damals auch eine falsche Berechnung des Preises angewandt, der zugrunde gelegte Preis pro Stunde müsste wesentlich höher sein. In der Vergangenheit wurde dies – seit Einführung der Pflegeversicherung – leider tausendfach immer wieder mathematisch falsch berechnet. In der „Mischung" beider Fehlannahmen können auch heute noch die meisten Pflegedienste mit dieser doppelten Falschberechnung auskommen.

Selbst wenn dieser Irrtum in der Praxis immer noch weit verbreitet ist, ist der tatsächliche Durchschnittswert für eine Einzelleistung oder einen Leistungskomplex wahrscheinlich weit darunter. Die hinterlegten Punktwerte (oder die relative Zeit, die im Durchschnitt dahinter steht) entsprechen nicht den Relationen in der Praxis: Für manche Leistungen bedürfte es mehr an Punkten (bzw. noch besser: mehr an Zeit), während andere Leistungen relativ großzügig ausgestattet sind.

Gleichzeitig ist dem Patienten die Qualität und Zeit der Leistung zu gewähren, die tatsächlich im Rahmen des Angemessenen und Notwendigen liegt. Hiermit liegt es auf der Hand, dass sich nicht jede Leistung mit ihrer zugehörigen Vergütung rechnen muss. Mangelnde Qualität kann es im Sinne der Pflegeversicherung per Definition gar nicht geben. Im Extremfall kann die Nichterfüllung der Anforderungen (unabhängig vom Preis oder der Kostendeckung) zum Verlust des Versorgungsvertrages führen. Im Rahmen der Krankenversicherung wurden in den letzten Jahren massiv Leistungen eingeschränkt und oft sogar im Preis reduziert. Auch hier stimmte nie die vergütete Leistung mit dem Aufwand überein.

Kalkulieren, Organisieren, Steuern   Thomas Sießegger
© Vincentz Network GmbH & Co. KG, Hannover 2009 · ISBN: 978-3-86630-079-8

Bestes Beispiel: In NRW gibt es zurzeit im Rahmen des SGB V drei Leistungsgruppen. Innerhalb dieser Leistungsgruppen gibt es jeweils nur eine Einsatzpauschale, die für alle Leistungen innerhalb eines Einsatzes gilt. Auch im SGB V wird sich nicht jede Einzelleistung rechnen.

12.2. Nicht jeder Patient muss sich rechnen

Patienten sind sehr unterschiedlich in ihren Bedürfnissen, obwohl sie teilweise die gleichen Leistungspakete bzw. die gleichen Leistungen bekommen. Einige benötigen aktivierende Pflege (worauf sie ein Anrecht haben) und sind damit zeitintensiv, manche sind „sehr kommunikativ", andere haben lange Anfahrtswege, manche sind so schwer an Gewicht, dass sie von zwei Personen versorgt werden müssen (wofür es aber manchmal gar keine zusätzliche Vergütung gibt). Andererseits gibt es Patienten, die zügig zu versorgen sind, wo schon alles vorbereitet ist und die durch die hohe Anzahl an kombinierten Leistungen Synergie-Effekte bei den Pflegediensten erzeugen.

Viele Beispiele, die belegen, dass es gar nicht sein kann, dass sich jeder Patient rechnet. Wer dies über die Personal-Einsatz-Planung versucht (und „defizitäre Patienten" zeitlich drückt), handelt grob fahrlässig im Sinne einer gesicherten Qualität und im Sinne der Rechte der Patienten auf eine angemessene Versorgung.

Hinweis: Ergänzend zu dieser Fragestellung lesen Sie bitte auch:
Punkt 14. „Warum sollten die Fahrtzeiten nicht den Kunden angelastet werden?", Seite 50
Punkt 29. „Welche Patienten rechnen sich und welche nicht?", Seite 101
Punkt 47. „Mischkalkulation: In welchen Fällen ist sie angebracht", Seite 167

12.3. Nicht jeder Mitarbeiter muss sich rechnen

Zusätzlich zu oben genannten Aspekten kommt in tarifgebundenen Einrichtungen hinzu, dass z. B. eine ledige, kinderlose 23-jährige Pflegefachkraft wesentlich niedrigere Personalkosten verursacht als eine 44-jährige, schon seit 21 Jahren beschäftigte Mitarbeiterin mit drei Kindern.

Mitarbeiter können nicht verantwortlich gemacht werden für ihr Alter, ihre Betriebsgehörigkeit und die Anzahl ihrer Kinder bzw. sie können nichts dafür, dass dieses ungerechte System der Tarifentlohnung sie in vielen Pflegediensten zu ungeliebten (weil teuren) Mitarbeitern macht.

Die Erlöse eines Mitarbeiter dürfen niemals mit den individuellen Kosten eines Pflegemitarbeiters verglichen werden, allenfalls die durchschnittlichen Personalkosten (und Sachkosten) aller Mitarbeiter einer Qualifikation sollten mit den durchschnittlichen Erlösen aller Mitarbeiter einer Qualifikation verglichen werden.

Außerdem steht die Höhe der Erlöse nicht in der Autonomie der Pflegemitarbeiter, sondern sollte allein von Ihnen gesteuert werden. Die Mitarbeiter können gar nicht die Verteilung der Einsätze auf die Touren im Überblick haben, sie können auch nichts dafür, welche Patienten in ihrer Tour zu versorgen sind. Hätten die Mitarbeiter die Aufgabe oder sogar die Autonomie, darauf zu achten, dass sie sich selbst rechnen, käme es zu Fehl-, Über- und Unterversorgungen der Patienten. Deshalb ist es z. B. auch vollkommen unsinnig, eine leistungs- und ergebnisorientierte Bezahlung der Mitarbeiter an dem wirtschaftlichen Erfolg ihrer Touren zu bemessen. Aus diesen Gründen kann es sein, dass es ganz bewusst zu verschiedenen Erlössituationen bei Mitarbeitern kommen kann.

12.4. Nicht jede Tour muss sich rechnen

Die Zusammensetzung und die Aneinanderreihung der Einsätze nennt man Tourenplanung. Die Personal-Einsatz-Planung liegt in Ihrer Autonomie. Es kann sich (durch Zufall oder mit Absicht) durchaus als sinnvoll erweisen, Touren so zu planen, dass sich die eine rechnet, die andere aber nicht. Hauptsache, die Pflegedienstleitung hat alles im Griff - und: Sie darf die Ergebnisse der Touren nicht als Anlass nehmen, Druck auszuüben, nur weil sich z. B. eine Tour nicht rechnet.

Maßstab sind vielmehr die Bedürfnisse der in allen Touren geplanten Patienten.

Die Lösung:

Sie haben dafür zu sorgen, dass sich der Pflegedienst mittel- und langfristig insgesamt rechnet. Für die Verhandlung leistungsgerechter Entgelte sind Sie allerdings nicht (alleine) zuständig, sondern es bedarf der Unterstützung der Geschäftsführung bzw. des Trägers und der Verbände.

12.5.   ... und auch: nicht jeder Pflegedienst muss sich rechnen

a) Wenn nach mehreren Jahren (bei gleich bleibenden Vergütungen, aber steigenden Kosten) sich das Betriebsergebnis von Jahr zu Jahr verschlechtert, ist das eine logische und hinzunehmende Entwicklung.

Die Lösung läge in der Verhandlung höherer Vergütungen für die Leistungen. Wenn sich allerdings das Betriebsergebnis nicht verschlechtert oder gar verbessert, kann dies zwei Ursachen haben:
1) Die Qualität der Leistungen hat sich verschlechtert (auch im Sinne von weniger Zeit für die Leistungen und für die Patienten).
2) Wirtschaftlichkeitsressourcen wurden entdeckt und in der Praxis von Jahr zu Jahr abgebaut.

b) Hat ein Verband mehrere Pflegedienste mit unterschiedlichen Strukturen, so könnte es sein, dass der eine Pflegedienst ein Plus erzielt (weil er junge Mitarbeiter hat), der andere Pflegedienst aber ein Defizit erzielt (trotz wirtschaftlicher Betriebsführung ist das möglich!). Dieser „negative" Pflegedienst ist z. B. entstanden aus der Fusion dreier Pflegedienste, der im Rahmen eines Sozialplanes vor allem die jungen Mitarbeiter entlassen musste – und somit durch die älteren Kollegen und deren hohe Kosten nie auf einen grünen Zweig kommen kann.

Unter strategischen Gesichtspunkten im Sinne von Marktanteilen und Marktmacht wäre es suboptimal, den zweiten Pflegedienst zu schließen.

Mittelfristig müssen sich beide Pflegedienste zusammen tragen, die Messlatten für die beiden Pflegedienste sind also unterschiedlich hoch anzulegen.

Die hohe Kunst für eine Pflegedienstleitung ist es, diese 4 Aspekte – neben ihren kalkulatorischen Kenntnissen und teilweise unter dem zusätzlichen Druck der Geschäftsführung – nicht zulasten der Mitarbeiter und nicht zulasten der Pflegequalität und der Pflegezeit im Rahmen der Personal-Einsatz-Planung zu berücksichtigen.

Die Steuerung eines Pflegedienstes ist quasi eine vielschichtige Mischkalkulation, die Sie in der Hand haben.

13. Was sind neue Patienten wert?

Kommt es Ihnen auch so vor, als ob in bestimmten Phasen die umsatzstarken Patienten wegfallen, und neue Patienten lediglich wenig Umsatz mit sich bringen? Diese Erkenntnis ist zwar richtig, doch sollte daraus nicht abgeleitet werden, dass der Pflegedienst schrumpft. Der entscheidende Punkt: Alle anderen Patienten (die nicht wegfallen oder neu dazu kommen) wachsen normalerweise im Umsatz, denn im Normalfall werden Patienten im Zeitverlauf ihrer Versorgung immer pflegebedürftiger. Deshalb sollten sie kontinuierlich genaue Analysen zur Zusammensetzung und Entwicklung der Patienten erstellen.

10 Patienten im Zeitverlauf, von denen im Durchschnitt 7 versorgt werden

Beispiel:

	Patient 1	Patient 2	Patient 3	Patient 4	Patient 5	Patient 6	Patient 7	neu! Patient 8	neu! Patient 9	neu! Patient 10	Durchschnitt über alle Patienten	Anzahl versorgter Patienten
Juli 2008	446 €	1.005 €	1.478 €	387 €	765 €	1.234 €	256 €				796 €	7
August 2008	451 €	1.024 €	1.456 €	412 €	789 €	1.321 €	255 €				815 €	7
September 2008	435 €	965 €	1.521 €	401 €	777 €	1.325 €	267 €				813 €	7
Oktober 2008	467 €	999 €	1.987 €	378 €	812 €	1.278 €	262 €	444 €			828 €	8
November 2008	456 €	987 €	verstorben	420 €	987 €	1.222 €	276 €	471 €			688 €	7
Dezember 2008	512 €	1.024 €	---	452 €	Krankenhaus	1.198 €	gekündigt	456 €	1.123 €		794 €	6
Januar 2009	469 €	1.031 €	---	412 €	verstorben	1.187 €	---	489 €	1.212 €	789 €	798 €	7
Februar 2009	443 €	988 €	---	396 €	---	1.165 €	---	512 €	1.067 €	842 €	773 €	7
März 2009	519 €	1.030 €	---	421 €	---	1.056 €	---	528 €	1.267 €	1.012 €	833 €	7
Durchschnittswerte pro Patient	466 €	1.006 €	1.611 €	409 €	826 €	1.221 €	263 €	483 €	1.167 €	881 €	794 €	7,00

Gravierend ist es natürlich, wenn Patienten mit hohem Umsatz wegfallen. Zum einen wegen des Umsatzes an sich, zum anderen wegen der Auslastung der Mitarbeiter und den dadurch entstehenden Problemen in der Personal-Einsatz-Planung. Arbeitszeiten der Mitarbeiter müssen angepasst werden, ggf. sogar Mitarbeiter (unfreiwillig) in Freizeitausgleich geschickt werden. Touren müssen komplett neu organisiert werden.

Kalkulieren, Organisieren, Steuern   Thomas Sießegger
© Vincentz Network GmbH & Co. KG, Hannover 2009 • ISBN: 978-3-86630-079-8

Steigende Entwicklung des Umsatzes pro Monat bei Patient 1

Analysieren Sie die Entwicklung des Umsatzes für jeden einzelnen Patienten, und Sie werden feststellen, dass im Zeitverlauf der Umsatz eines Patienten steigen wird.

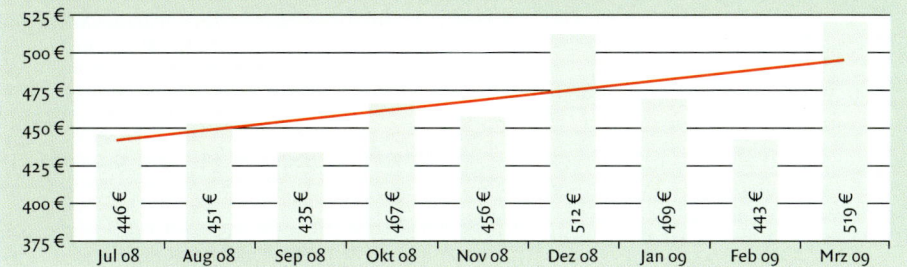

Anmerkung:
» Die Achse schneidet nicht bei Null, sondern bei 375 €.

Konstante Entwicklung des Umsatzes pro Monat über alle Patienten

Ermitteln Sie die Kennzahlen zum Umsatz pro Patient, und Sie werden feststellen, dass bei einer großen Anzahl von Patienten, selbst bei einem Wegfall eines umsatzstarken Patienten der durchschnittliche Umsatz pro Patient nur kurzfristig sinkt, nicht jedoch grundsätzlich.

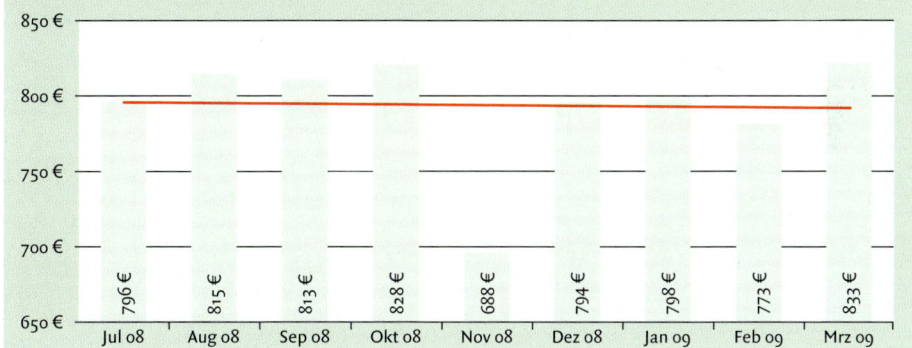

Anmerkung:
» Die Achse schneidet nicht bei Null, sondern bei 650 €.

Da aufgrund der demografischen Entwicklung die Patientenzahlen immer weiter steigen werden, kann es dazu führen, dass mehr neue Patienten dazu kommen, als Patienten wegfallen. Durch diesen dynamischen Effekt kann es tatsächlich zu einem leichten Absinken des Umsatzes pro Patient kommen. Dies muss jedoch keineswegs weniger Effizienz bedeuten.

Tipps

1. Stellen Sie jeden Monat die wichtigsten Kennzahlen zusammen, und erstellen Sie Grafiken aus diesen. Nur so erkennen Sie, ob Sie tatsächlich im Laufe der Zeit weniger im Durchschnitt pro Patient erlösen. Eine Grafik korrigiert ggf. Ihre subjektive Wahrnehmung, dass alles immer weniger wird.

2. Wenn Sie es ganz genau machen wollen, und die wahren „Monatsergebnisse" sehen möchten, müssen Sie die Umsätze pro Monat mit den durchschnittlichen Tagen des Monats gewichten, da die Monate eine unterschiedliche Anzahl von Tagen haben, z.B.
Januar: Erträge dividiert durch 31, multipliziert mit 30, 42 Tagen
Februar: Erträge dividiert durch 28, multipliziert mit 30, 42 Tagen
usw.

Kennzahlen zur Effizienz in der Leistungserbringung

Zur finanziellen Analyse der Patientenzusammensetzung und -entwicklung eignen sich besonders Kennzahlen, weil sie verschiedene Informationen verdichten.

» Umsatz (alle Pflege-Leistungen) pro Patient

» SGB XI-Umsatz pro Patient in Pflegestufe I

» SGB XI-Umsatz pro Patient in Pflegestufe II

» SGB XI-Umsatz pro Patient in Pflegestufe Ill

» Umsatz pro Netto-Pflege-Stunde, differenziert in SGB Xl und SGB V (schwierig zu ermitteln, nur mit entsprechender EDV)

» durchschnittliche Dauer der Leistungsversorgung

» durchschnittlicher Umsatz pro Monat über alle Patienten, gewichtet mit den Tagen des Monats.

Checkliste

1. Entwickeln Sie Kennzahlen zum Umsatz pro Patient und verfolgen Sie deren Entwicklung kontinuierlich.

2. Ermitteln Sie, wie lange Sie einen Patienten im Durchschnitt versorgen, und wie sich dessen Umsatz im Laufe dieser Monate und Jahre verändert.

3. Die Umsätze von Patienten müssen eigentlich im Verlauf ihrer Versorgung steigen, da der Pflegebedarf normalerweise zunimmt.

4. Ermitteln Sie kontinuierlich den Personalbedarf, nicht anhand von Stellenplänen, sondern anhand konkreter Berechnungen, basierend auf den Zeiten, die bei den Patienten benötigt werden.

5. Wichtig ist, dass bei den neuen Patienten nicht von Beginn an „heimliche Leistungen" erbracht werden. Beraten Sie richtig, und klären Sie verbindlich, wer welche Leistungen erbringen wird, die Angehörigen oder der Pflegedienst?

6. Führen Sie ständig Pflegevisiten durch und analysieren Sie, welche (positiven) finanziellen Auswirkungen diese haben.

7. Errechnen Sie exakt den Zeitaufwand, der durch wegfallende Patienten verloren geht. Reduzieren Sie 1:1 die Arbeitszeit der Mitarbeiter und kontrollieren Sie Ihre Vorgaben. Es besteht ansonsten die Gefahr, dass in diesen Phasen Ineffizienz entsteht.

8. Schaffen Sie die geeigneten Arbeitszeitmodelle, um entsprechend Personal anpassen zu können.

9. Analysieren Sie Gesetzesänderungen und/oder veränderte Rahmenbedingungen, wie z.B. das Pflegeweiterentwicklungsgesetz, die Einführung des Gesundheitsfonds ... Wie wirken sich solche Änderungen auf das „Kaufverhalten" der Kunden aus?

14. Warum sollten die Fahrtzeiten nicht den Kunden angelastet werden?

Den Kunden nicht für seinen Wohnort bestrafen!
Warum Fahrtwege und -zeiten nicht dem Kunden angelastet werden dürfen

Wie bei Frage 12) schon aufgezeigt wurde, wird sich nicht jeder Patient „rechnen". Dabei wurde ausdrücklich darauf hingewiesen, dass es durchaus „normal" ist bzw. sein muss, dass dies nicht für jeden Patienten aufgehen kann. Und es war eine rein betriebswirtschaftliche Betrachtung.

Genauso verhält es sich auch bei der Kalkulation der Kosten und der Zeiten für die Fahrt zum Patienten. Sie darf nicht zulasten oder zugunsten des Kunden oder zulasten der Pflegezeit berechnet werden. Bei der Kalkulation der Kosten für eine Einsatzstunde (eine Einsatzstunde [C] = die Nettopflegezeit beim Patienten [D] plus die Fahrtzeit) empfiehlt es sich, einen Durchschnittswert anzunehmen. Dieser errechnet sich aufgrund der jahrelangen Zeiterfassung (die man hoffentlich geführt hat [wenn nicht, sollte jeder Pflegedienst einmal seine Arbeitszeiten mindestens grob erfassen in: Pflegezeit, Fahrt-/Wegezeit und Organisationszeiten]). Allein schon wegen der unterschiedlichen Fahrtzeiten (für welche die Patienten nichts können) spricht einiges dafür, die Fahrtzeiten immer mit dem gleichen (durchschnittlichen) Minutenwert zu berechnen, um der Gefahr vorzubeugen, dass Fahrtzeit im Rahmen der Personal-Einsatz-Planung individualisiert wird. Die Aussage lautet dann zum Beispiel:
„Unsere durchschnittliche Fahrtzeit von Patient zu Patient dauert 7 Min."

Dieser Wert bedeutet, dass bei der Kalkulation der Kosten für einen Patienten immer mit 7 Minuten gerechnet wird, bei der Personal-Einsatz-Planung wird jedoch der tatsächliche individuelle Wert verwendet (ohne dass er einen Einfluss auf die Pflegezeit hat). Beim Erstellen des Einsatzplans aber sollte die echte, wirklich zu fahrende Zeit in den Einsatzplan eingetragen werden, z. B.
„... für die Fahrt zu Frau Maier haben Sie 13 Min., für die Fahrt zu Frau Müller 1 Min."

Auf jeden Fall sollte man vermeiden, den Mitarbeitern eine pauschale Zeit mitzugeben, nach dem Motto: „Für jeden Patienten haben Sie 10 Minuten Fahrtzeit einkalkuliert." Angaben in 5- oder 10-Min.-Schritten sind „verboten". Diese Kalkulation ist viel zu grob, wenn man berücksichtigt, dass ca.

Kalkulieren, Organisieren, Steuern   Thomas Sießegger
© Vincentz Network GmbH & Co. KG, Hannover 2009 • ISBN: 978-3-86630-079-8

80% der Kosten Personalkosten sind; insofern macht es einen großen Unterschied, ob man 3 Min. oder 8 Min. für die Fahrtzeit einplant, nämlich umgerechnet ca. 3 €. Das Prinzip der richtigen Anwendung zur Kalkulation der Fahrtzeiten soll anhand eines Beispiels erläutert werden.

Modellrechnung, mit Beispiel:
Frau Maier und Frau Müller sind Nachbarinnen und kennen sich. Sie wohnen „1 Min. voneinander entfernt". Sowohl Frau Maier als auch Frau Müller benötigen zufällig beide eine Pflege von je 45 Min. (aufgrund der Einschätzung der Pflegedienstleitung beim Erstbesuch). Falsch wäre es, Frau Maier, die individuelle Fahrtzeit von der Pflegezeit abzuziehen; sie bekäme also 32 Min. (= 45 Min – 13 Min.), Frau Müller bekäme demnach
45 Min. – 1 Min. = 44 Min.
Es ist ziemlich offensichtlich, dass dies nicht so sein darf. Aber ein bisschen von dieser Verhaltensweise ist in der Praxis anzutreffen, wenn z. B. ein neuer Patient aufgenommen wird, der weit weg wohnt; sofort entsteht das Anliegen der PDL oder der Mitarbeiter zu versuchen, bei diesem Patienten ein paar Leistungen mehr abzurechnen, damit sich die weite und lange Fahrt wenigstens lohne.
In unserem Fall würde Frau Maier nämlich auf die glorreiche Idee kommen: „Dann fahren Sie doch zuerst zu meiner Nachbarin Frau Müller, ziehen Sie der die 13 Min. ab und kommen Sie dann zu mir". Richtig ist: Bei beiden darf die individuelle Fahrtzeit nicht zum Ansatz kommen, jede bekommt 45 Min., wie auch tatsächlich benötigt.

Äußerungen wie: „Frau X wohnt so weit vom Pflegedienst entfernt, da lohnt sich die Fahrtzeit von 10 Minuten gar nicht. Schauen Sie mal, dass Sie da möglichst schnell wieder rauskommen", darf es nicht geben in einem ambulanten Pflegedienst.
Viel besser ist z. B. eine positive Aussage: „Jetzt sind wir bei Frau X in einem neuen weit entfernten Gebiet. Gute Gelegenheit, im Umfeld von Frau X weitere Patienten zu gewinnen, damit sich dort vielleicht sogar eine neue Tour lohnt". Das wäre strategisch gedacht, i. S. von „Marktanteile ausweiten".

Fazit: Reale Fahrtzeiten dürfen nicht individualisiert werden. Sehr wohl ist es aber möglich und notwendig, für bestimmte Regionen und Einsatzgebiete besondere Hausbesuchspauschalen in Vergütungsverhandlungen zu realisieren, um die durch die Fahrtzeiten entstehenden Kosten leistungsgerecht zu kompensieren.

15. Zehn goldene Regeln für die Personal-Einsatz-Planung

... für Wirtschaftlichkeit und Qualität

1. Die Kosten pro Stunde sind immer nur im Durchschnitt pro Qualifikation zu berechnen, nie bezogen auf einzelne Mitarbeiter.

Beispiel: In einer tariforientierten Einrichtung kostet eine 23-jährige kinderlose Krankenschwester 32,– € pro Stunde, die 42-jährige Kollegin kommt auf 40,– €. Diese Information birgt zwei mögliche gefährliche Rückschlüsse:

» Die ältere Mitarbeitern soll schneller arbeiten (als die jüngere), da sie teurer ist (wofür sie aber selbst nichts kann).

» Geht es um Personalentscheidungen (oder gar um die Einstellung einer 23- oder einer 42-jährigen Mitarbeiterin) ist die Wahrscheinlichkeit, dass man sich durch diese differenzierte Information beeinflussen lässt, groß.

Deshalb: Die Durchschnittskosten nur pro Qualifikation berechnen: z. B. eine Krankenschwester kostet durchschnittlich 36,– €.

2. Keine Anwendung der EOPEP (erlösorientierte Personal-Einsatz-Planung) für Einzelleistungen oder Patienten

Die EOPEP ist eine Perversion (= Umkehrung) der Kostenrechnung. Man rechnet nicht den Preis einer notwendigen Leistung aus, sondern die zur Verfügung stehende Zeit: „Wie viel Zeit ist bei einem „vorgegebenen Preis" möglich? Die konsequente Anwendung führt in den pflegerisch-fachlichen Ruin und zu einer Deflation der Minutenwerte für die Pflegeleistungen.

3. Bei der Ermittlung der notwendigen Zeiten für Leistungen oder Patienten darf es keine Unterschiede zwischen Qualifikationen geben.

Negativbeispiel: Eine Schwester darf für eine bestimmte Leistung 20 Minuten benötigen, ein Helfer 27 Minuten, ein Zivildienstleistender 36 Minuten. Diese Differenzierung darf nicht sein, ein einheitlicher Zeitwert muss für alle Mitarbeiter gelten.

4. Für jede Leistung muss es einen exakten internen Zeitwert geben.

Dieser Zeitwert darf sich nicht an den Punktwerten der Pflegeversicherung orientieren (z. B. 400 Punkte = 40 Min.); diese Aussage ist grundsätzlich immer falsch.

Kalkulieren, Organisieren, Steuern Thomas Sießegger
© Vincentz Network GmbH & Co. KG, Hannover 2009 • ISBN: 978-3-86630-079-8

Vielmehr sollte der Minutenwert nach den individuellen Bedürfnissen der Patienten im Durchschnitt festgelegt werden. Ein Durchschnittswert bedeutet, dass er über- oder unterschritten werden kann.

Der Zeitwert sollte nicht im Rahmen eines Intervalls angegeben sein, also z. B. 5 – 10 Min., sondern er sollte exakt sein, z. B. 7 Min.

5. Die in Punkt 4 genannten Zeiten für Einzelleistungen hängen nicht offiziell im Pflegedienst aus.

Gibt es eine offizielle Liste, besteht die Gefahr, dass diese Werte nach außen getragen werden. Dabei stehen diese Werte niemals allein, sondern müssen immer als Paket betrachtet werden. Außerdem muss bei der Planung auch noch die so genannte Hausbesuchszeitpauschale addiert werden.

Würde man den Mitarbeitern mitteilen, dass eine kleine Pflege z. B. 17 Minuten im Durchschnitt dauert, wären diese irritiert, da ihnen die 50% der Patienten einfallen, wo diese Leistung länger dauert als der Durchschnittswert.

Diese Irritation ist nicht notwendig, also sollten die Zeitwerte den Mitarbeitern nicht schriftlich zur Verfügung stehen. Die Liste mit den Zeitwerten ist jedoch in der Software hinter den Leistungen hinterlegt.

6. Den Mitarbeitern nicht die Zeiten für Einzelleistungen mitteilen, sondern nur die Zeit für das Leistungspaket insgesamt.

Den Mitarbeitern sollte nur mitgeteilt werden, wie viel Zeit insgesamt für das Leistungspaket anfällt (z. B. 34 Minuten) und welche Leistungen beim Patienten zu erbringen sind. Sie stehen auch in der Pflegedokumentation bzw. im Leistungsnachweis. Das werden die Mitarbeiter problemlos akzeptieren. Der Zeitwert wird von Ihnen zu Leistungspakten geschnürt und in den Tourenplan der Mitarbeiter als Gesamtzeit übernommen. Was an Leistungen zu erbringen ist, steht ebenfalls im Einsatzplan (jedoch ohne Zeitangaben) und in der Pflegedokumentation.

7. Zeitwerte nie als Maximalwerte auslegen.

Den Mitarbeitern mitzuteilen, sie dürfen „bis zu ... Minuten" für die Leistung oder den Patienten benötigen, ist kontraproduktiv und führt zu unnötigen Diskussionen. Liegen die Mitarbeiter nämlich über dem genannten Zeitwert, haben sie (zu Recht) eine gute Begründung dafür. Sind sie aber vorher fertig, haben sie den subjektiven Eindruck, sie hätten die restlichen Minuten noch zur freien Verfügung. Durch diese Handhabung funktioniert die Planung nicht, da die geplanten Zeiten in der Summe immer überschritten werden.

Deshalb muss gemeinsam mit den Mitarbeitern trainiert werden, was ein Durchschnittswert ist; dieser kann nämlich über- oder unterschritten werden.

8. **Die realen Wegzeiten dürfen nicht den Patienten zum Vor- oder Nachteil sein.**

Wohnt ein Patient sehr weit weg (umgangssprachlich: „Es lohnt sich kaum, dorthin zu fahren"), darf ihm/ihr keine Zeit in der Pflege gekürzt werden. Es steht ihm die gleiche Zeit zu wie jemandem, der direkt neben dem Pflegedienst wohnt. Auch über Zuzahlungen darf keine zusätzliche Berechnung und Ausgleich der Fahrtzeit (=Kosten) erfolgen. Auch sollte man nicht dem Versuch unterliegen, dem Patienten deshalb andere Leistungen zusätzlich zu verkaufen, „damit es sich rechnet".

9. **Einsätze sollten nicht in 5-Min.-Schritten erfasst oder geplant werden.**

Die Erlaubnis, dass Mitarbeiter die Leistungen und Einsätze in 5-Min.-Schritten aufzeichnen, führt dazu, dass die Mitarbeiter geneigt sind, immer aufzurunden.

Zählt man am Ende des Tages die geleisteten Minutenwerte zusammen, ergibt sich das Phänomen, dass der Mitarbeiter in 6 Stunden Arbeitszeit 7 Stunden gepflegt hat.

Eine Erfassung in 5-Min.-Schritten ist also nutzlos und viel zeitaufwendiger (da später Korrekturen gemacht werden müssen) und sollte unterlassen werden.

10. **Zwei Kräfte dürfen nicht unterschiedlich lange benötigen bei einem Patienten – oder in der gleichen Tour.**

Sollte es dazu kommen, dass ein Mitarbeiter für eine bestimmte Tour 4 Std. benötigt und der andere 5 Std., so läuft etwas schief. Sie haben dafür zu sorgen, dass beide gleich lange benötigen. Bei dem einen sind ggf. Hinweise auf zeitsparende Methoden sinnvoll, während man z. B. bei einem anderen Mitarbeiter auf die Notwendigkeit einer aktivierenden (zeitaufwendigen) Pflege hinweisen wird. Die Orientierung am schnellsten Mitarbeiter ist nicht sinnvoll. Hauptsache, beide benötigen vom Grundsatz her gleich viel Zeit beim Patienten.

Sehr wohl darf es aber Unterschiede geben in der Zeit für verschiedene Patienten und an verschiedenen Tagen.

Diese Regeln sollten täglich in der Personal-Einsatz-Planung berücksichtigt werden.

Prozesse

Ein Pflegedienst hat ca. 80% Personalkosten. Diese Personalkosten fließen in die Prozesse ein.

- » Es beginnt bei der telefonischen Anfrage beim Pflegedienst,
- » führt in das Aufnahmeverfahren,
- » der neue Patient wird in der Dienstplanung berücksichtigt,
- » findet Eingang in der Personal-Einsatz-Planung,
- » der SOLL-IST-Vergleich und evtl. Korrekturen runden die Personal-Einsatz-Planung ab,
- » der Fall wird in der Dienstbesprechung reflektiert
- » und die Leistungen des Patienten werden durch die Verwaltung abgerechnet.

Diese Prozesse entscheiden über Wirtschaftlichkeit und Rentabilität des gesamten Pflegedienstes. Jeden dieser einzelnen Prozesse gilt es, zu optimieren.

Insbesondere Pflegedienstketten, die mit dem Franchising-Prinzip arbeiten und strategisch ausgerichtete Verbände sehen diese Chancen und Möglichkeiten für

- » einheitliche Qualität,
- » leichtes Einarbeiten neuer Mitarbeiter,
- » Effizienzvorteile

und versuchen dann systematisch, diese Prozesse zu vereinheitlichen, um sie z. B. in einem betriebsinternen Handbuch festzuhalten. Aber auch für jeden einzelnen Pflegedienst ist es sinnvoll, diese Verfahren zu vereinheitlichen.

Prozessmanagement bietet Instrumente zur Steuerung der betrieblichen Abläufe. Es geht um die Frage: „Wie optimieren wir unsere Prozesse und bringen die Mitarbeiter dazu, gemeinsam die Zufriedenheit unserer Kunden sicherzustellen, unter Beachtung von Qualität, Kosten und Zeit?"

Kalkulieren, Organisieren, Steuern   Thomas Sießegger
© Vincentz Network GmbH & Co. KG, Hannover 2009 • ISBN: 978-3-86630-079-8

Das Prozessmanagement kann wichtige Impulse für die Weiterentwicklung bestehender QM-Systeme geben. Nachdem bestehende Systeme oftmals nur beschreiben, „was" zu tun ist, erleichtert eine Orientierung an Geschäftsprozessen die Umsetzung des prozessorientierten Ansatzes. Als relevante Prozesse sind von Bedeutung: Die Aufnahme eines Patienten, das Verfahren der Dienstplanung, die Abrechnung der Leistungen, die Ablage der Patientenstammdaten, der Umgang mit Zeiterfassung und Arbeitszeitnachweisen, die Durchführung der Dienstbesprechungen, monatliche Controllinggespräche. Die Folge von Prozessen kann dargestellt werden:

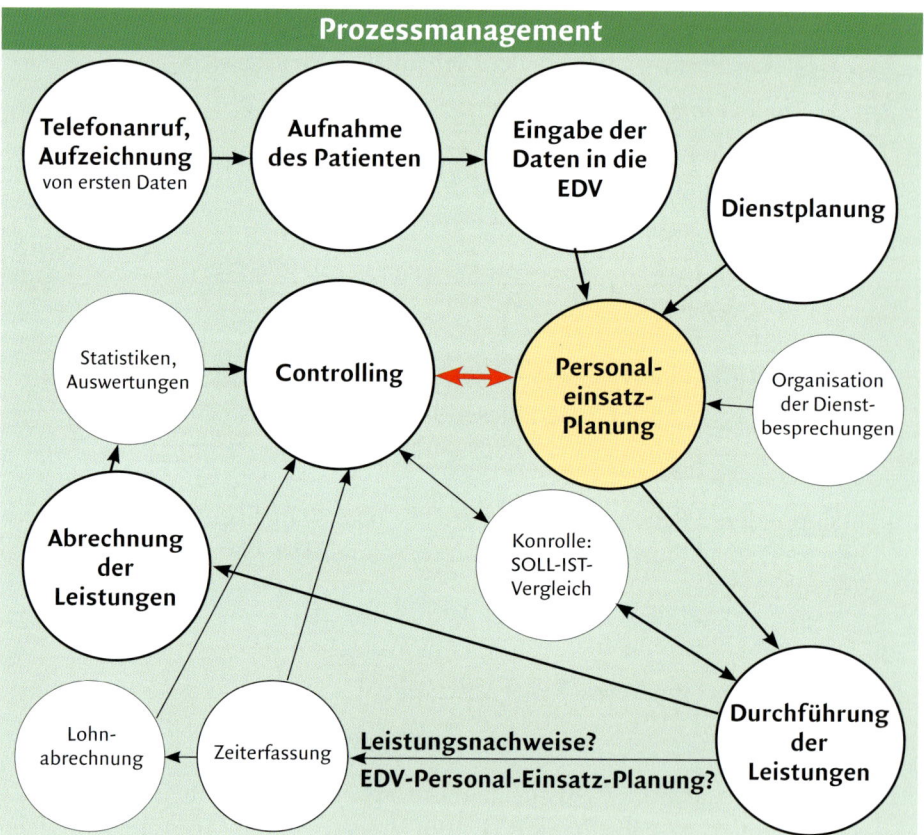

Ein Teil dieser Prozesse wird in diesem Buch besprochen, besondere Ausführlichkeit erfährt der Kernprozess der Personal-Einsatz-Planung.

Wichtig ist, dass die Prozesse exakt beschrieben sind. Einen perfekten allgemeingültigen Ablauf wird es nicht geben, dazu sind die individuellen Un-

terschiede zwischen den Pflegediensten zu groß. Insofern sind die hier ge-
machten Vorschläge modifiziert denkbar. Sie sollen anregen, die einzelnen
Prozesse für den eigenen Pflegedienst entsprechend zu entwickeln.

16. Wie werden neue Patienten systematisch aufgenommen?

Von Anfang an systematisch erfassen

Wir beginnen mit dem Einstieg in die Pflege: Ein (möglicher) Kunde ruft an, es geht darum, wie die Daten aufgenommen und wie sie verarbeitet werden.

16.1. Von Anfang an systematisch richtig

Optimal wäre es, die Aufnahme der Anfragen standardisiert auf vorgefertigten Formularen durchzuführen. Die Formulare sind im günstigsten Fall so gestaltet, dass die Daten in der gleichen Reihenfolge in das zur Verfügung stehende EDV-Programm eingegeben werden können.

Denkbar ist es, diese gesammelten Anfrageblätter später zugleich als Stammblatt (der Pflegedokumentation) zu verwenden, so dass eine doppelte Erfassung von Patientendaten entfällt. Alles was an Daten in die EDV eingegeben wurde, kann später auf entsprechende Formulare gedruckt werden. Gute EDV-Anbieter haben diese Möglichkeit in ihren Programmen berücksichtigt.

Im Sinne des Controlling muss es weiterhin möglich sein, dass die Systematik der Formulare (und damit der Ablauf der Telefongespräche) es erlaubt, spätere Auswertungen zu erstellen, die Aussagen über die Gründe machen, warum in bestimmten Fällen Einsätze abgelehnt wurden. Somit kann der zukünftige Bedarf ermittelt werden, der über das bisherige Leistungsangebot hinausgeht.

Deshalb müssen die Daten der Patienten systematisch gesammelt werden. Das beginnt beim ersten Telefonat. Hier muss sichergestellt sein, dass zumindest minimale Informationen immer gesichert sind, auch wenn z. B. ein Zivildienstleistender oder ein Hausmeister ans Telefon geht. Deshalb eignen sich standardisierte Formulare, anstatt auf „Schmierzetteln" zu erfassen.
Ein Aufnahmeformular sollte immer dem vorhandenen EDV-Programm angepasst werden, wenn dies nicht schon von der EDV-Firma im Programm vorgesehen ist. Somit entsteht im Ablaufprozess kein Zeitverlust.

Kalkulieren, Organisieren, Steuern   Thomas Sießegger
© Vincentz Network GmbH & Co. KG, Hannover 2009 • ISBN: 978-3-86630-079-8

Checkliste zur Aufnahme eines Patienten

» Regeln Sie das Verfahren, nach welchen Punkten beim ersten (Telefon-)Gespräch gefragt wird, gleichgültig wer ans Telefon geht: Verwaltungskraft, PDL oder Zivildienstleistender. Alle müssen gleichermaßen geschult sein.

» Die Patientenstammblätter sollten aufgrund der ständig aktualisierten Daten in der EDV in regelmäßigen Abständen ausgedruckt und anschließend in die Mappen (im Pflegedienst) einsortiert werden.

» Ein weiteres Patientenstammblatt sollte auch in die Patientenmappe (vor Ort) eingelegt werden, so dass alle Mitarbeiter, die den Patienten versorgen, sich immer auf die neuesten Daten und Informationen stützen und verlassen können.

» Es muss geregelt sein, dass Veränderungen sofort notiert und dann zeitnah in der EDV eingegeben werden.

» Bewahren Sie sich die Aufgaben auf, bei denen Sie nicht konzentriert arbeiten müssen (z. B. Ablage, Ordnen, Aufräumen ...) für die Zeiten, in denen erfahrungsgemäß viele Leute anrufen. So können Sie einerseits sofort auf den Anruf reagieren, ohne dass es Sie aus einer konzentrierten Aufgabe reißt - und andererseits können Sie die Pausen nutzen für Tätigkeiten, die man so oder so irgendwann erledigen muss.

» Werten Sie die Anfragen aus (am besten (automatisch) mit EDV):

  a) die abgelehnten Anfragen: Welche Gründe gab es, weshalb Sie die Anfrage nicht bedienen konnten? Dies liefert wichtige strategische Hinweise, in welche Richtung sich Ihr Pflegedienst mit Leistungen entwickeln kann.

  b) woher kommen Ihre Patienten? Ist es die Mund-zu-Mund-Propaganda oder sind es zuweisende Ärzte oder kommen die Patienten aus dem Krankenhaus?

» Benutzen Sie keine Durchschläge mehr für die Patientenstammdaten. Alle Daten sind in der EDV aktualisiert, drucken Sie von Zeit zu Zeit (in regelmäßigen, geplanten Intervallen) komplett alle Patientenstammdaten neu aus und tauschen diese mit den vorherigen Daten aus.

Auch hier können wichtige Erkenntnisse gewonnen werden, wie in Zukunft der Markt bearbeitet werden kann.

Tipp:

Nutzen Sie ein Headphone, also ein am Kopf/Ohr befestigtes leichtes Sprechgerät, wie es auch in Call-Centern verwendet wird. Somit sind Ihre Hände frei, um Daten in den PC einzugeben, ohne dass Sie den Hörer krampfhaft zwischen Kopf und Schulter einklemmen müssen. Sie sind sogar so frei, evtl. zur Einsatztafel zu gehen, um Informationen über die Touren abzulesen und gleich an den Telefonpartner weiterzugeben.

16.2. Mögliche Fehler bei der Datenerhebung

Anrufe von möglichen Patienten oder deren Angehörigen werden

- » noch oft auf „Schmierzetteln" erfasst,
- » dann weitergegeben (an Sie, z. B. zum Erstbesuch),
- » es werden erneut Notizen gemacht (teilweise die gleichen, die schon erhoben wurden), aber das steht auf einem anderen Blatt,
- » ... und dann werden diese Daten (von der Verwaltungskraft oder Ihnen oder einem Pflegemitarbeiter) wiederum auf das Patientenstammblatt übertragen (welches dann ggf. für mehrere Jahre nur unsystematisch [handschriftlich] aktualisiert wird)
- » und wiederum die Daten in die EDV eingegeben.

Dabei werden zeitaufwendig Daten doppelt und dreifach erhoben und es entsteht ein schlechter Eindruck bei Patienten und Angehörigen, wenn die gleichen schon gegebenen Grunddaten mehrfach eingefordert werden. Außerdem können die Daten auf dem Stammblatt den Mitarbeitern und Verwaltungskräften nie als verlässliche Informationsquelle in den Patientenstammakten dienen, wenn nicht sichergestellt ist,

- » dass sie leserlich (teilweise sind die unterschiedlichen Schriften der Mitarbeiter sehr unterschiedlich [zu deuten]) und
- » vollständig sind und

dass sie dem jeweils aktuellen Stand entsprechen (es ist übrigens in der Praxis sehr oft so, dass nach Aufnahme eines Patienten die Daten nicht mehr aktualisiert werden, und wenn, dann nur in teilweise unleserlicher Handschrift).

17. Wie können die Patientenstammdaten richtig und systematisch angelegt und verwaltet werden?

Richtig ablegen – und alles schnell wiederfinden

Die Unterlagen von Patienten müssen abgelegt und 10 Jahre aufbewahrt werden und andererseits möglichst schnell greifbar sein

> a) für Sie, wenn es um Rückfragen geht oder um Aspekte der Personal-Einsatz-Planung und
>
> b) für die Pflegemitarbeiter, wenn sie wichtige Informationen (z. B. beim Wechsel von Touren) erhalten möchten oder
>
> c) für die Verwaltungskraft, welche die Kopien (der Leistungsnachweis oder der Rechnungen), die Korrespondenz oder die überzähligen „vollen" Pflegedokumentationen der Pflegemitarbeiter ablegen soll.

Deshalb gilt es, ein System der Ablage zu entwickeln, das schnell funktioniert und eine festgelegte Ordnung hat, die allen Beteiligten bekannt ist. Die Ablage und der Umgang mit Patientenstammdaten, -akten und -dokumenten nimmt einen erheblichen Anteil der Arbeitszeit einer Verwaltungskraft in Anspruch. Mitarbeiter und Sie sind darauf angewiesen, möglichst schnell Zugriff zu allen relevanten Informationen zu haben. Insofern ist die systematische Ordnung und die Regelung der Ablage sowohl ein Beitrag zu wirtschaftlichem Arbeiten als auch zur Qualitätssicherung. Es sollte nur einen Aufbewahrungsort geben für alle Patienteninformationen, die Patientenakten. Obwohl heutzutage alle Informationen in der EDV angelegt sein müssen/sollten, macht es trotzdem Sinn, diese Daten auch noch in Papierform zur Verfügung zu haben, z. B. bei einem Ausfall der Rechner.

17.1. Nach oben offene Hängesammler zum Aufbewahren und Aktualisieren der Patientenstammdaten

Checkliste für die Unterteilung innerhalb der Patientenakten

> » Durchschläge, Kopien oder spezielle Ausdrucke der Patientenstammblätter,

61

Kalkulieren, Organisieren, Steuern   Thomas Sießegger
© Vincentz Network GmbH & Co. KG, Hannover 2009 • ISBN: 978-3-86630-079-8

» Durchschläge oder Kopien der Leistungsnachweise in Form von Abrechnungsbögen für die Krankenkasse (SGB V) und für die Pflegekasse (SGB XI),

» Kopien der Verordnungen/Genehmigungen,

» Korrespondenz mit den Patienten bzw. Angehörigen oder mit deren Kostenträgern,

» abgelaufene Pflegedokumentationen bzw. Pflegeplanungs„blätter",

» Kopien bzw. Durchschläge der Rechnungen (bei Rückfragen oder ausstehenden Rechnungsbeträgen kann es hilfreich sein, wenn auch diese Informationen in den Unterlagen den jeweiligen Patienten zugeordnet sind) an Kassen, Patienten oder Sozialhilfeträger.

Die einzelnen Kategorien innerhalb der Hängesammler können durch farbige Kartons (etwas größer als DIN A 4) optisch voneinander getrennt werden.

Nach Ablauf eines Jahres werden die Unterlagen aus den Patientenakten aussortiert und die entsprechenden Rechnungen z. B. in Ordnern alphabetisch oder chronologisch gesammelt, wobei sich eine alphabetische Sortierung als in der Praxis besser erwiesen hat. Das heißt, die Einzelbestandteile der Patientenakten werden dann wieder zu Themengebieten zusammensortiert und entsprechend abgelegt, d. h. z. B. aus allen Patientenakten werden die Durchschläge der Rechnungen herausgenommen und in einen entsprechenden Ordner eingeheftet.

Alternativ: Die Rechnungen können auch schon von Beginn an chronologisch und separat in Ordnern abgelegt werden. Über die Position der so genannten „Reiter" können weitere Informationen „gesteckt" werden, wie z. B.

– „Wann laufen die Verordnungen aus?"

– „Handelt es sich um SGB V-, SGB XI- oder um „gemischte" Patienten?"

– „Wann sollten Pflegevisiten wieder durchgeführt werden?"

– usw.

Zusätzliche Sortierung können die Mappen und Reiter durch Farben bekommen, so dass z. B. bestimmte Touren sofort erkannt werden können.

Allerdings werden heutzutage diese mechanisch-optischen Möglichkeiten zur Informationsversorgung mehr und mehr durch EDV-Systeme abgenommen. Trotzdem wird es weiterhin die Notwendigkeit und Pflicht geben, Unterlagen mindestens 10 Jahre aufzubewahren – und: Nicht alle Mitarbeiter haben Zugang zum PC, so dass es auch redundante Alternativen geben muss, die schnell und effizient zur Verfügung stehen. Denken Sie nur an den möglichen Ausfall der EDV.

Zu Beginn eines neuen Jahres (z. B. im Februar oder März) empfiehlt es sich, die Patientenakten „auszumisten", damit diese nicht zu dick und unhandlich werden. Wird ein Patient über einen längeren Zeitraum versorgt, muss es zusätzliche räumliche Möglichkeiten geben, diese aussortierten Akten ordentlich für mind. 10 Jahre abzulegen. Die Verwaltungskraft und/oder Sie selbst sollten zuständig für die Ablage und Organisation der Patientenstammdaten sein. Die Pflegemitarbeiter sollten Zugang zu den Patientenakten bekommen. Prinzipiell müssen die Patientenakten in einer verschlossenen Schrankwand oder in einem abschließbaren Zimmer aufbewahrt werden. Bei Büroausstattern gibt es hierfür spezielle Hängeregisterschränke. Wichtig ist, dass die Patientenakten leicht zugänglich sind.

17.2. Einordnen der Leistungsnachweise

Die Leistungsnachweise können ebenfalls in den Patientenstammdaten in einer eigenen Rubrik gesammelt und aufbewahrt werden. Insbesondere bei späteren Nachfragen, Kontrollen oder Streitigkeiten ist es hilfreich, wenn Kopien der Leistungsnachweise im Pflegedienst verbleiben. Die Originale wurden zusammen mit der Abrechnung an die Kassen gegeben.

Die Leistungsnachweise müssen vorab für die Mitarbeiter bedruckt werden. Sie enthalten die Patientenstammdaten und die zu erbringenden Leistungen pro Monat. Hierbei können Kosten eingespart werden. Gleichzeitig steigt die Zufriedenheit bei den Mitarbeitern.

Beispielrechnung zu den Kosten der unnötigen Kosten, wenn Leistungsnachweis nicht vorab bedruckt werden

Von 180 Patienten eines Monats haben ca. 60 Patienten gleichzeitig SGB V- wie auch SGB XI-Leistungen, also müssen ca. 240 Leistungsnachweise von Hand beschrieben werden (= 120 + 2 x 60).

Zeitaufwand pro Leistungsnachweis ca. 1 Minute ➜ 240 Minuten pro Monat = 4,0 Std.

Eine Stunde kostet intern ca. 30 €; daraus folgen (unnötige) Kosten von ca. 120 € pro Monat.

Dies ergibt im Jahr eine Kostenreduktion von 1.440 €, wenn man die EDV mit ihren Möglichkeiten nutzt.

Im Späteren werden die Leistungsnachweise meist den Rechnungen angeheftet oder beigelegt. Das genaue Verfahren ist abhängig vom jeweiligen Bundesland. Das Verwaltungs- und Abrechnungsprogramm sollte unbedingt mit all seinen Funktionen genutzt werden. Dabei sollte Wert darauf gelegt werden, dass die Daten nur eingegeben werden und entsprechende Berechnungen vom Programm durchgeführt werden, d. h. es sollten keine handschriftlichen Berechnungen durch Verwaltungskräfte gemacht werden und das Ergebnis wird in die EDV übertragen, hierfür ist das Programm zuständig, d. h. das Programm sollte die Leistungen dem SGB V, dem SGB XI oder anderen Leistungsbereichen zuordnen.

17.3. Erstellen eines einheitlichen Aktenplans in Abstimmung auf die Büroorganisation

In jedem Fall sollte es einen Aktenplan geben, d. h. eine schriftliche Zusammenstellung, wo und wie die Unterlagen der Patienten und Mitarbeiter bearbeitet und abgelegt werden.

Ziele sind:

» die Verwaltungsmitarbeiter austauschen zu können (bei mehreren Pflegediensten eines Trägers),
» die Qualität der Leistungserbringung zu sichern,
» Doppelarbeiten zu vermeiden,
» Verwaltungsvereinfachung und -straffung (auch eine Zeiteinsparung!).

Der Aktenplan sollte sich auch in der EDV wiederfinden.
Hier einige Vorschläge, wie alle Berechnungen und Schriftverkehr und sonstige Dateien abgelegt werden können:

» Formulare
» Kalkulationen
» Mitarbeiterstunden
» Pflegeverträge
» Private Dateien Pflegedienstleitung
» Qualitätsmanagement-Handbuch
» Statistiken
» Zeugnisse

Sortieren Sie die Dateien nach Themen und nicht alle in das Verzeichnis „Eigene Dateien".

Für das Führen der Akten sollte es – neben dem Aktenplan – ebenfalls (ggf. im Rahmen der Qualitätssicherung) eine Verfahrensbeschreibung geben, d. h. es sollte geregelt sein, **wie** die Akten **geführt** werden.

17.4. Systematische Ablage der Dateien in Verzeichnissen der EDV

... nicht im Programmverzeichnis des PC

Sowohl die physischen Akten als auch die in der EDV abgelegten Dokumente sollten nach dem gleichen System und mit den gleichen Bezeichnungen abgelegt sein (also sollte es sowohl einen Aktenordner für „allgemeine Korrespondenz" geben für die Eingänge von Post – und dementsprechend auch einen (EDV-)Ordner mit dem Namen „allgemeine Korrespondenz", wobei hier vorwiegend die ausgehende, weil selbst geschriebene Post, verwaltet wird.

Beispiel:

1. Formulare
2. Tagesberichte, Monatsberichte, Monatsübersichten – oder andere Formen der Zeiterfassung
3. Kennzahlen 2006 – 2009
4. Statistiken
5. Korrespondenz mit Kassen
6. Korrespondenz mit Patienten und Angehörigen
7. Allgemeine Korrespondenz
8. Adressen
9. Private Dateien (z. B. der Verwaltung und/oder der Pflegedienstleitung) etc.
10. Eingescannte Briefe und Unterlagen

18. Wie sollten Dienstbesprechungen und Teamsitzungen gestaltet werden?

Dienstbesprechungen dienen dazu, in regelmäßigen Abständen Informationen unter den Mitarbeitern auszutauschen. Dabei kann es sich um allgemeine Informationen handeln, aber auch um Informationen, die Sie Ihren Mitarbeitern geben. In einem zweiten Teil der Dienstbesprechung wird meist über die gemeinsam versorgten Patienten gesprochen, wenn mehrere Mitarbeiter oder Teams zum Einsatz kommen. Dies sollte sich jedoch reduzieren auf die Sachverhalte und Aspekte, die nicht in der Pflegedokumentation festgehalten sind.

Die Dienstbesprechung kann auch als Chance genutzt werden, regelmäßig interne Fortbildung zu integrieren. Zudem hat sie die Funktion der Unterstützung eines kollegialen Klimas.

18.1. Welche Funktionen hat eine Dienstbesprechung?

Checkliste

1. Arbeitsklima: Häufige Dienstbesprechungen führen in der Regel zu einem besseren Arbeitsklima, weil z. B. Missverständnisse aufgeklärt werden und die Möglichkeit für Aussprachen eingeräumt wird.

   Allerdings können zu häufige Dienstbesprechungen auch zu viele private Aspekte zulassen, so dass sich das Klima verschlechtert, weil Persönliches im Betrieb ausgelebt wird – und dieses kostet: ca. 30 Ct. pro Minute und Mitarbeiter kostet eine verschwendete Minute der Dienstbesprechung.

2. Ergänzung der Vorschläge der Pflegedienstleitung zur Dienstplanung (längerfristige Abend-, Wochenendplanung): Grundsätzliche Aspekte der Dienstplanung werden einmal grundsätzlich in der Dienstbesprechung diskutiert und geklärt – damit läuft zukünftig die Dienstbesprechung als auch die Dienstplanung zügiger ab.

3. Personal-Einsatz-Planung: Grundsätzlich sollte die Einsatzplanung bzw. die Tourenplanung nicht Gegenstand der Dienstbesprechung sein, da damit zu viele Mitarbeiter gleichzeitig aufgehalten werden. Deshalb muss die Einsatzplanung in ihren Vorschlägen schon so differenziert sein, dass die Notwendigkeit einer weiteren Besprechung in der Dienstbesprechung

Kalkulieren, Organisieren, Steuern   Thomas Sießegger
© Vincentz Network GmbH & Co. KG, Hannover 2009 • ISBN: 978-3-86630-079-8

nicht gegeben ist bzw. dieses am Rand unter den Mitarbeitern selbst geregelt werden kann.

4. Interne Informationen: Der interne Informationsfluss wird allein durch die Tatsache, dass Dienstbesprechungen geführt werden, auf eine formale Basis gestellt.

Dabei wird z. B. sichergestellt, dass die Leitung und die Kollegen erfahren, wenn sich die Umstände bei den Patienten oder im Leistungsumfang geändert haben. Diese Informationen stellen wichtige wirtschaftliche Aspekte dar; sie können nicht zu 100 % über die mobile Datenerfassung oder die Leistungsdokumentation sichergestellt werden.

18.2. Wie häufig sollten Dienstbesprechungen durchgeführt werden?

Unter optimalen Gesichtspunkten sollte eine Dienstbesprechung mindestens alle zwei Wochen stattfinden, wenn es die örtlichen/regionalen/geografischen Gegebenheiten zulassen. Jedoch sollte auch eine wöchentliche Zusammenkunft zusätzlich stattfinden, welche die Übergaben am Wochenende klärt. Die Dauer der Dienstbesprechungen sollte 1,5 – 2 Stunden nicht überschreiten, bei öfter stattfindenden Dienstbesprechungen pro Woche reicht auch eine geringere Zeit aus. In größeren Städten (wenn es die Wohnortnähe der Mitarbeiter zulässt) ist es denkbar, dass die Mitarbeiter sich täglich für 5 – 10 Minuten zusätzlich treffen (zu Beginn und/oder Ende des eigentlichen Dienstes im Pflegedienst).

Der tägliche Besuch im Pflegedienst sollte auf jeden Fall individuell pro Pflegedienst geregelt sein, eine generelle Empfehlung, wie das zu handhaben ist, kann hier nicht gegeben werden.

18.3. Teilnehmer einer Dienstbesprechung

Wünschenswert ist eine regelmäßige Teilnahme der Mitarbeiter, um über Neuigkeiten zu berichten. Denkbar (aber nicht unbedingt empfehlenswert) ist die Durchführung von geteilten Dienstbesprechungen im Sinne von z. B. examinierten Pflegefachkräften und anderen Pflegekräften einerseits (inkl. den Zivildienstleistenden). In beiden Veranstaltungen müsste jedoch die Leitung des Pflegedienstes anwesend sein, die die getrennten Veranstaltungen organisiert und die Ergebnisse/Vereinbarungen kontrolliert. Empfehlenswert ist weiterhin eine regelmäßige Beteiligung der Verwaltungskraft ca. alle 2 – 3

Monate (oder nach Bedarf), um den Informationsfluss zwischen Pflegemitarbeitern, Pflegedienstleitung und Abrechnung zu gewährleisten.

Außerdem empfinden die Mitarbeiter es als wichtig, dass auch die Geschäftsführung sich gelegentlich um die Belange der Mitarbeiter kümmert, indem sie in größeren Abständen auch an diesen Dienstbesprechungen teilnimmt. Dies ist auch von Bedeutung für die interne Informationsvermittlung.

18.4. Mögliche Inhalte der Dienstbesprechung

Die Inhalte/Tagesordnungspunkte sollten klar strukturiert und vorgegeben sein, z. B.

Inhalte der Dienstbesprechung

1. Festlegung: Wer schreibt das Protokoll?
2. Bekanntgabe der Tagesordnung (falls vorhanden: vorheriger Aushang)
3. Vorstellung/Fallbesprechung neuer Patienten und Zuordnung der Touren zu den Mitarbeitern (auf Weisung der Leitung des Pflegedienstes)
4. Lösen von Dienstplanproblemen (z. B. zu Ostern, Pfingsten, Weihnachten und zu Urlaubszeiten)
5. Weitergabe von Fachinformationen (z. B. Schulung der anderen Mitarbeiter, Weitergabe von Informationen/Inhalten aus besuchten Fortbildungen anderer Mitarbeiter)
6. Erklärung neuer gesetzlicher Vorgaben, z. B. Dokumentationen, Leistungsnachweise
7. Sonstiges, Mitteilungen aus dem Verband, geplante Aktionen
8. Urlaubsplanung

nicht für alle Mitarbeiter:
9. Pflegeplanung/Einzelfallbesprechung

18.5. Wie sollten Dienstbesprechungen protokolliert werden?

Checkliste zum Protokoll der Dienstbesprechung

1. Um die Ergebnisse der Besprechungen nachvollziehen und darauf verweisen zu können, ist es wichtig, ein Protokoll anzufertigen. Meist bietet sich

die Form des Ergebnisprotokolls (das Gegenteil wäre ein sogenanntes Verlaufsprotokoll, in dem chronologisch der Verlauf der Gespräche dokumentiert wird. Verlaufsprotokolle sind aber nicht mehr zeitgemäß oder zumindest den Anforderungen und der Bedeutung der Dienstbesprechung in einem ambulanten Dienst nicht mehr angemessen) an, in dem die Ergebnisse (basierend auf den vorher festgelegten Tagesordnungspunkten) schriftlich festgehalten werden.

2. Dieses Protokoll steht für alle verbindlich zur Verfügung (z. B. auch für die Mitarbeiter, die nicht an der Dienstbesprechung teilnehmen konnten).

3. Dafür ist es denkbar, dass jeder Mitarbeiter die Protokolle zu unterschreiben hat.

4. Die Ergebnisse könnten folgendermaßen protokolliert werden:

    1. Tagesordnungspunkt

    2. Ergebnis

    3. verantwortlich: ...

    4. fertig bis/Termin: ...

5. Die Protokollführung sollte wechseln, damit alle Mitarbeiter den Umgang mit der Protokollführung erlernen.

6. Die Protokollierung mit einem Laptop macht nur dann Sinn, wenn ein Mitarbeiter sehr versiert damit arbeiten kann, ohne dass eine Störung oder Verzögerung des Ablaufs erfolgt.

7. Ebenfalls ergibt es keinen Zusatznutzen, wenn das handschriftliche Protokoll später auf EDV übertragen wird.

Protokoll Dienstbesprechung für _____ Seite 1

Tagesordnungspunkt	geplante Zeit	Ergebnis/Beschluss	verantwortlich	fertig bis
1)				
2)				
3)				
4)				
5)				
6)				
7)				

Protokoll Dienstbesprechung für _____ Seite 2

Tagesordnungspunkt	geplante Zeit	Ergebnis/Beschluss	verantwortlich	fertig bis
8)				
9)				
10)				

Mit der Unterschrift der Anwesenden werden die Inhalte dieses Protokolls anerkannt. Gesehen (Name/Unterschrift). Als letzte/r unterschreibt bitte die Leitung.

Anwesende:

1. . . . .
2. . . . .
3. . . . .
4. . . . .
5. . . . .
6. . . . .
7. . . . .

weitere Anwesende:

8. . . . .
9. . . . .
10. . . . .
11. . . . .
12. . . . .
13. . . . .
14. . . . .

Datum: . . . .

von . . . . Uhr bis . . . . Uhr

= . . . . Minuten

Protokollführung: . . . .
Vorname, Name

Unterschrift: . . . .

19. Warum es gut ist, Fortbildung auch in den Dienstbesprechungen zu integrieren

Elemente der internen Fortbildung sollten als fester Bestandteil in die Dienstbesprechung eingebaut werden.

Beispiel:

» In jeder Dienstbesprechung ist interne Fortbildung ein Thema.

» In jeder Dienstbesprechung bereitet sich ein anderer Mitarbeiter auf ein festgelegtes Thema vor (z. B. anhand von Fachzeitschriften oder aufgrund eines selbst besuchten Vortrages oder Seminarbesuchs).

» Für die Vorbereitung werden 2 Stunden Arbeitszeit angerechnet.

» Die Kollegen des Mitarbeiters machen sich ggf. Notizen zum Vortrag.

Sowohl die für die interne Fortbildung benötigte Zeit als auch das Thema wird schriftlich festgehalten, um später im Rahmen der Qualitätssicherung oder im Rahmen einer Prüfung als Nachweis zu dienen.

Dauer der Fortbildung pro Dienstbesprechung: ca. 20 – 30 Minuten.

Durch die Integration der Fortbildung in Dienstbesprechungen ist der Pflegedienst gezwungen, sich systematisch mit dieser Fragestellung zu beschäftigen. Außerdem können so die Mitarbeiter gefördert und gefordert werden und es kann deutlich werden, dass Fortbildung ein wichtiger Bestandteil der Personalentwicklung ist. Systematische Fortbildung fördert die Motivation der Mitarbeiter.

Kalkulieren, Organisieren, Steuern   Thomas Sießegger
© Vincentz Network GmbH & Co. KG, Hannover 2009 • ISBN: 978-3-86630-079-8

20. Wie kann (interne) Fortbildung organisiert werden?

Die Notwendigkeit von geplanter und zielgerichteter Fortbildung hat viele Pflegedienste noch nicht richtig erreicht. Meist gehen ein oder zwei Mitarbeiter zu vielen Fortbildungen und der Rest der Mitarbeiter geht fast nie. Oft wird die „Versendung" zur Fortbildung sogar als „Strafe" von den Mitarbeitern angesehen. Das liegt u. a. daran, dass sie nicht den Bedürfnissen der Mitarbeiter entsprechend angeboten werden. Und dass zu wenig gesteuert wird.

Andererseits gibt es klare Anforderungen durch die Pflegeversicherung und durch die Krankenversicherung (z. B. in § 132, wo die Fortbildungsverpflichtung in den Text aufgenommen wurde) – und die stetigen Hinweise in den Gutachten bei Qualitätsprüfungen durch den MDK, dass ein systematischer Fortbildungsplan fehlt bzw. sich nicht an dem aktuellen Stand medizinisch-pflegerischer Erkenntnisse orientiert.

Insofern gehört die systematische Planung der Fortbildung zu Ihren wichtigen Aufgaben, zumal die Anforderungen durch die tägliche Arbeitspraxis ständig steigen.

20.1. Einen Fortbildungsplan erstellen

Für einen Fortbildungsplan bedarf es eines vorher definierten Anforderungsprofils.

Sie sollten die für den Pflegedienst notwendigen Fähigkeiten, Ressourcen und Innovationen ständig auf dem aktuellen Stand halten (die Pflegeversicherung sagt, dass die Mitarbeiter „auf dem allgemein anerkannten Stand medizinisch-pflegerischer Erkenntnisse sein müssen").

Diese Aufstellung ist schriftlich durchzuführen und kann als Checkliste verwendet werden für die gezielte Fortbildungsplanung der Mitarbeiter.

Dabei ist darauf zu achten, dass die Mitarbeiter möglichst in ähnlichem Umfang an Fortbildungen teilnehmen, jeder Mitarbeiter sollte angemessene Fortbildung ständig vorweisen müssen.

Kalkulieren, Organisieren, Steuern   Thomas Sießegger
© Vincentz Network GmbH & Co. KG, Hannover 2009 • ISBN: 978-3-86630-079-8

Mögliche Bereiche der internen Fortbildung

Pflegerische Themen, Pflegewissenschaft	Trägerspezifische Themen (z.B. Diakonie, Caritas, Rotes Kreuz, Leitbild des privaten Trägers)	Hauswirtschaftliche Themen, Haushaltsnahe Dienstleistungen	Rechtsfragen, Arbeitsrecht, Sozialrecht	Kostenbewusstsein, Betriebswirtschaft, Controlling → Mitarbeiterverantwortung	allgemeine Themen	usw.
Neuerungen bei der Dekubitusbehandlung	Abgrenzung kirchlicher Leistungen von „nicht abrechenbaren Leistungen" und nicht abgerechneten Leistungen	Zeiterfassung für die Leistungen der Hauswirtschaft	Grundlagen der Pflegeversicherung	Das optimale Verkaufen von Leistungen beim Erstbesuch; Rückmeldung der Mitarbeiter, wenn sich der Leistungsumfang geändert hat	die Veränderung der Arbeitswelt in der Zukunft	usw.
Naturheilkundliche Verfahren in der Pflege	Welche Leistungen bietet der Träger im Rahmen der Vernetzung an?	Die Dokumentation von hauswirtschaftlichen Leistungen im Zusammenhang mit Pflege	Der richtige Abschluss eines Pflegevertrages	Was kostet die Durchführung einer Dienstbesprechung? Was kostet die Stunde einer ex. Pflegefachkraft? usw.	Welche Parteien unterstützen welche Konzepte für die Pflege in der Zukunft?	usw.
Rückenschonendes Lagern und Betten	Das Organigramm des Trägers – Klärung von Zuständigkeiten; Das Leitbild des Trägers; Visionen	Welche pflegerischen Leistungen dürfen im Rahmen der Hauswirtschaft erbracht werden?	Der richtige Umgang mit Verordnungen – Möglicher Umgang mit Ärzten; Erstellen von Informationsmaterial	Die Bedeutung der Personal-Einsatz-Planung für die Wirtschaftlichkeit	Selbstmanagement und Zufriedenheit am Arbeitsplatz	usw.
Druckverbände und Kompressionsstrümpfe	Neuwahlen zum Vorstand des Vereins	Schutz vor aggressiven Reinigungsmitteln – Alternativen	Rechtliche Grenzen der Erbringung von Behandlungspflege durch Helfer	Notwendige Zahlen für SGB XI-Verhandlungen; Aussichten für die Einzelverhandlung	Was kommt nach der Bundestagswahl? Vorstellung der möglichen Reformen je nach Konstellation der Parteien?	usw.
Der Zusammenhang von Impfen und „Alterskrankheiten"	Integration der Ehrenamtlichen des Vereins in die Arbeit des Pflegedienstes	Wann sollten Pflegefachkräfte Hauswirtschaftliche Leistungen bei ihrem Einsatz mit erbringen?	Ablehnungsgründe für SGB V-Leistungen; mögliche Verfahren für Widersprüche	Auswirkung der aktivierenden Pflege auf die Zeitwerte bei den Patienten	Zeiterfassung als Grundlage für die Kostenrechnung; Demografische Entwicklung und daraus resultierende Angebote	usw.
usw.	usw.	usw.	usw.	usw.	usw.	usw.

Themen im Rahmen der Bereiche

Jedem Thema wird dann ein Mitarbeiter zugeordnet. So wird gewährleistet, dass alle Mitarbeiter gleichmäßig an Fortbildungen beteiligt sind und sich nicht „drücken" können. Ein Fortbildungsplan sollte jedes Jahr neu erstellt werden für das jeweilige Folgejahr. Dieser sollte differenziert sein nach Berufsgruppen. Auf eine angemessene Verteilung und Ausgewogenheit der Themen ist zu achten. Rückblickend sollte dann festgestellt werden, ob alle geplanten Aktivitäten auch tatsächlich umgesetzt wurden.

Um das Niveau des Know-Hows nicht durch die Mitarbeiterfluktuation im Laufe der Zeit wieder zu verlieren, ist die interne Checkliste immer wieder auf den aktuellen Stand hin zu überprüfen. Wünschenswert ist weiterhin eine Kombination aus interner und externer Fortbildung. Die Wünsche der Mitarbeiter sollten – trotz aller Steuerung – weitgehend berücksichtigt werden.

Perspektiven/Ideen:

Im Rahmen der Personalentwicklung können dann im Laufe der Zeit Fortbildungen auch als „Belohnung" ausgebaut werden. Eine weitere Möglichkeit für die Zukunft wäre es, im Rahmen einer leistungsorientierten Bezahlung der Mitarbeiter, Fortbildungen, die von Mitarbeitern besucht wurden, finanziell zu entlohnen. Voraussetzung wäre dann allerdings wiederum, dass die Mitarbeiter an den Kosten der Fortbildung angemessen beteiligt werden.

20.2. Fachzeitschriften vorhalten + Internetzugang schaffen

Checkliste Fachzeitschriften + Internet

» Für Fachzeitschriften, Fachbücher und Fortbildung muss ein angemessenes Budget vorhanden sein. Für jeden Pflegedienst einzeln.

» Bitte lassen Sie keinen „Rundlauf" unter Pflegediensten machen. Das wäre falsche Sparsamkeit.

» Jeder Pflegedienst muss mit seinen Mitarbeitern in den Fachzeitschriften „rumkritteln" können, und die vorhandenen Bücher auch benutzen können. Es handelt sich letztendlich um kleine Beträge im Rahmen der Sachkosten.

» Es sollte den Mitarbeitern (insbesondere der PDL) möglich sein, relevante Informationen aus dem Internet zu besorgen – dafür gibt es heute schon einige sehr interessante und meist sogar kostenlose Angebote und Services.

» Zusätzlich sollte auch noch das Internet zur Informationsversorgung genutzt werden.

» Gegebenenfalls sollte man den Mitarbeitern ermöglichen, zur Vorbereitung interner Fortbildungen auch auf entsprechende Internetseiten zugreifen zu können.

21. Welche Möglichkeiten für die Abrechnung von Leistungen gibt es?

Wo wird abgerechnet? (vor Ort, im Verband zentral – oder durch eine Fremdfirma?)

Im Prinzip gibt es für einen ambulanten Pflegedienst drei Varianten bei der Abrechnung von Leistungen:

1.] Abrechnung in der Station

2.] Zentrale Abrechnung für mehrere Stationen

3.] Outsourcing der Abrechnung an eine Fremdfirma

Eine weitere Kombinationsmöglichkeit mit den drei grundsätzlichen Verfahren der Abrechnung ist das so genannte Factoring.

4.] Übernahme der Zahlungsleistung als Factoring

Erläuterungen zum Factoring

Beim Factoring handelt es sich im Prinzip um eine Bankleistung in Form eines laufenden Kredits auf zu erwartende Einnahmen. Die erstellten Rechnungen werden an ein Factoringunternehmen abgegeben. Sehr zeitnah wird das Geld dem Leistungserbringer überwiesen, was dessen Liquidität verbessert. Das ist der Hauptsinn des Factoring. Für diese Leistung müssen jedoch entsprechende Gebühren (= Kreditzinsen) gezahlt werden. Denkbar ist auch, das Factoring mit der Fremdabrechnung über eine Dienstleistungsfirma zu kombinieren.

Die Alternativen der Zentralisierung oder der Fremdabrechnung sind nicht nur eine theoretische Möglichkeit der Kostenoptimierung, sondern sowohl eine Frage der möglichen Erlössteigerung im Sinne von Synergien als auch der Optimierung von Arbeitsabläufen in einem Pflegedienst. Die Abrechnung der Leistungen macht oftmals um die 50% der Verwaltungszeit aus.

Kalkulieren, Organisieren, Steuern   Thomas Sießegger
© Vincentz Network GmbH & Co. KG, Hannover 2009 • ISBN: 978-3-86630-079-8

Darstellung: Zeitliche Verteilung für Tätigkeiten einer Verwaltungskraft

	administrative Tätigkeiten einer Verwaltungskraft	Tätigkeiten, die im Zusammenhang mit der Abrechnung stehen
Tätigkeiten einer „typischen" Verwaltungskraft – immer davon ausgehend, dass die Verwaltungskraft **im** Pflegedienst arbeitet und dort die Abrechnungen erstellt.	■ Gestaltung und Durchführung der Aufnahme neuer Patienten (in Zusammenarbeit mit der Pflegedienstleitung). ■ Ablage und Verwaltung der Patientenstammdaten. ■ Organisation und Kontrolle über die Verordnungen und Genehmigungen. ■ Allgemeiner Telefondienst. ■ Verantwortung und Gestaltung des Formularwesens. ■ EDV-Ablage und EDV-Organisation. ■ Informationsvermittlung zwischen Pflegedienstleitung, Verwaltungskraft und Mitarbeitern. ■ Bearbeitung des Postein- und Ausgangs. ■ Erstellen von Statistiken. ■ usw.	■ Organisation und Kontrolle der Leistungsnachweise (zusammen mit der Pflegedienstleitung). ■ Eingabe der SGB V- und der SGB XI-Daten aus den Leistungsnachweisen in das Abrechnungsprogramm. ■ Ausdruck der Rechnungen. ■ Sortieren der Rechnungen. ■ Versand der Rechnungen. ■ Gemeinsame Kontrolle der Zahlungseingänge (zusammen mit der Mitarbeiterin aus der Finanzbuchhaltung). ■ Erstellen und Bedrucken der Leistungsnachweise für den Folgemonat. Das Erstellen der Rechnungen ist grundlegende Basis für die Erstellung von Statistiken und der Offenen-Posten-Buchhaltung bzw. der Überwachung der Rechnungseingänge.
Anteil an der Arbeitszeit	ca. 50%	ca. 50%

Natürlich bedarf es in jedem Pflegedienst einer Abstimmung auf die Tätigkeiten der Pflegedienstleitung, da die Überschneidungen in den Arbeitsbereichen relativ groß sind. Im Allgemeinen wird die Funktion der Verwaltung von einer oder (noch besser!) zwei Teilzeitkräften erbracht werden können als durch eine Kraft. Die Möglichkeiten, sich auf die innerhalb eines Monats unterschiedlich anfallenden Arbeitszeiten einzustellen, sind viel größer.

Bei der Rechnungserstellung sollte kontrolliert werden, ob wirklich alle geplanten Leistungen, die erbracht wurden, auch tatsächlich von den Mitarbeitern aufgezeichnet wurden. Das ist ein Prozess von großer Bedeutung für den Pflegedienst, weil damit eine Erlösoptimierung verbunden ist. Das geht am besten,

a] wenn die Verwaltungskraft vor Ort ist und

b] wenn sie die Kontrolle der Leistungsnachweise (am besten zusammen mit der Pflegedienstleitung) durchführt.

Die Leistungsnachweise werden mit den Pflegeverträgen und den Tourenplänen abgeglichen. Bei einer zentralisierten Abrechnung ist so eine Kontrolle kaum durchzuführen, da eine zentrale Verwaltungskraft nicht in dem Maße – wie sie es für eine kleine Einrichtung könnte – so eine große Anzahl von Patienten im Überblick haben kann und vor allem nicht die Patienten in ihrer Individualität kennen kann. Sie hat nicht die Möglichkeit, indirekt (über die Pflegemitarbeiter oder die Pflegedienstleitung) bei den Patienten nachzufragen oder nachzuhaken, ob nicht wirklich doch mehr Leistungen erbracht als aufgezeichnet wurden, z. B.

> » „Warum wird die Rechnung nur teilweise bezahlt?"

oder

> » „Warum sind am 13., am 14. und am 15. des Monats keine Kreuzchen drin im Leistungsnachweis?"

oder

> » „Ist das immer der gleiche Mitarbeiter, der das vergisst – oder war die Patientin zu der Zeit im Krankenhaus?"

Die dritte Möglichkeit (Abrechnung über eine Fremdfirma) ist – entgegen den Vorstellungen der anbietenden Firmen – meist die teuerste Lösung. Diese Möglichkeit verleitet am meisten dazu, die Kontrolle der Leistungsnachweise zu vernachlässigen und führt in vielen Fällen, neben der versprochenen zeitnahen Liquidität, zu Erlösausfällen. Wenn die Abrechnung zentral für mehrere Pflegedienste erbracht wird, ergibt sich ein weiteres Problem für die einzelnen Pflegedienste. 50% der Verwaltungszeit fällt weg: Die „restliche" Verwaltungsarbeit im Pflegedienst ist dann nur schwer zu organisieren bzw. würde zur Aufgabe der Pflegedienstleitung werden. Dafür sind Sie eigentlich zu hoch bezahlt.

Fremdfirmen argumentieren meist mit dem Vorteil der Liquidität und dem Hinweis, dass Kosten im Pflegedienst abgebaut werden können, indem Stunden reduziert werden. Eigentlich müssten dies ca. 50% der Stunden sein, wie oben beschrieben wurde. Somit würden 50% der Kosten frei für die Kosten der Abrechnung der Fremdfirma. Tatsache ist aber, dass meist nicht ein Abbau um 50% stattfindet. Das hat folgenden Grund: Die Kontrolle der Leistungsnachweise muss nach wie vor im Pflegedienst stattfinden. Diese Zeit wird nicht eingespart.

Abgesehen davon zeigt es sich, dass durch die bequeme Form der Übergabe der Leistungsnachweise an die Abrechnungsfirma (man schickt einfach ein Paket weg, 8 Tage später kommt das Geld auf das Konto) im Laufe der Zeit eine Nachlässigkeit in der Kontrolle der Leistungsnachweise eintritt, die zu einer unbemerkten Erlösminderung führt, da nicht mehr erkannt wird, dass erbrachte Leistungen von den Mitarbeitern nicht aufgezeichnet wurden. Insofern handelt es sich bei diesen Vorschlägen für Fremdabrechnung meist um eine Milchmädchenrechnung, die Kosten für das Factoring können nämlich – über das Jahr gerechnet – zu Zinssätzen führen, die weit über den üblichen Bankkonditionen liegen.

Die Kontrolle über die Ordnungsmäßigkeit und Vollständigkeit der Leistungsnachweise kann am besten im Pflegedienst zusammen mit der Pflegedienstleitung erfolgen.

Die Abrechnung der Leistungen sollte – betreffend die Bearbeitung und Kontrolle der Leistungsnachweise – am besten in einem ambulanten Pflegedienst stattfinden.

22. Wie entsteht eine Abrechnung automatisch – als Resultat der EDV-gestützten Personal-Einsatz-Planung?

Die Einführung der EDV-gestützten Personalentwicklung (EDV-PEP) führt zu massiven Veränderungen. Ein sehr positiver Aspekt ist, dass die Abrechnung ein „Abfallprodukt" der Personal-Einsatz-Planung und des SOLL-IST-Abgleichs ist.

Hinweis: Ergänzend lesen Sie hierzu bitte auch Punkt 9. „Warum ist die Zeit reif für EDV-gestützte Personal-Einsatz-Planung?", S. 37

Checkliste zur Einführung EDV-gestützter Personal-Einsatz-Planung

1. Ab einer bestimmten Größe des Pflegedienstes (ca. > 50 ständig versorgte Patienten) sollte auf jeden Fall EDV zur Personal-Einsatz-Planung eingesetzt werden, evtl. schon früher. Manche Software-Firmen staffeln ihre Preise nach Anzahl der Patienten, insofern sind die relativen Kosten (pro Patient) gar nicht so sehr unterschiedlich.

2. Weiterhin müssen mindestens drei Personen sehr gut mit EDV umgehen können (PDL, Stellvertretung und Verwaltungskraft), um die Abhängigkeit aller möglichen Abrechnungen und Auswertungen (und damit der Existenz des Pflegedienstes) auf möglichst viele Köpfe zu verteilen.

3. Außerdem sollte der Pflegedienst „reif sein" für so viel EDV, d. h. es sollte schon eine Zeiterfassung per Papier und Hand erfolgt sein, damit die Mitarbeiter überhaupt geneigt und bereit sind, zukünftig mit mobilen Geräten die Leistungen zu erfassen.

4. Letztlich muss die Einführung im Rahmen eines Projektplans erfolgen, damit sich auch tatsächlich der volle Nutzen der EDV-PEP entfalten kann.

Das „neue" Verfahren der Abrechnung entsteht durch folgende Prozesskette:

1. Eingabe aller auf Grundlage des Erstbesuchs oder der Pflegevisiten erkannten, notwendigen und vereinbarten Leistungen.

2. Erstellen eines Einsatzplans.

Kalkulieren, Organisieren, Steuern   Thomas Sießegger
© Vincentz Network GmbH & Co. KG, Hannover 2009 • ISBN: 978-3-86630-079-8

3. Durchführung durch die Mitarbeiter: Korrekturen
   – mit zusätzlichen Leistungen,
   – wegfallenden Leistungen,
   – sich ändernden Zeiten.
4. Rückmeldung an den Pflegedienst, im Idealfall per mobiler Erfassungsgeräte, über GPS oder anderweitige Dienste.
5. SOLL-IST-Abgleich durch die Pflegedienstleitung (und/oder die Verwaltungskraft).
6. Zu Beginn des neuen Monats erfolgt dann lediglich noch ein Vergleich mit den von den Mitarbeitern zurückgegebenen Leistungsnachweisen.
7. Nach dieser Kontrolle erfolgt der Rechnungsausdruck, der sehr zeitnah zu Beginn des Folgemonats erfolgen kann.

Eine Häufung der Arbeitsstunden bei den Verwaltungskräften zu Beginn eines Monats findet nicht mehr statt, da die Eingabe (anhand der Leistungsnachweise) ersetzt wird durch die Planung und den SOLL-IST-Abgleich. Dann ist die Abrechnung tatsächlich fast ein „Abfallprodukt". Bis zu 50% der Verwaltungszeit fällt somit weg.

Die Einführung einer differenzierten EDV-gestützten Personal-Einsatz-Planung bedeutet eine Verschiebung eines Teils der Tätigkeiten von der Verwaltungskraft hin zur Pflegedienstleitung.

Das wiederum bedeutet – wenn konsequent umgesetzt wird – Personalabbau im Bereich der Verwaltungskraft und mehr Leitungsstunden für Sie und Ihre Stellvertretung.

23. Warum sind Erstbesuche so bedeutsam?

Die langfristige Wirkung des Erstbesuchs

Eine Ihrer wichtigsten Aufgaben ist die Durchführung der Erstbesuche. Sie sind notwendig für die objektive Beurteilung der Bedürfnisse des Kunden und für die Vorgabe der von den Pflegemitarbeitern zu erbringenden Leistungen.

23.1.   Der erste Eindruck zählt

Beim Erstbesuch erhalten Sie einen Eindruck davon,

» welche Leistungen vom Pflegedienst möglich sind,

» welche Aufgaben aber auch weiterhin von den Angehörigen übernommen werden können oder müssen.

Diese Eindrücke und Erkenntnisse des Erstbesuchs sind oft prägend für die gesamte Dauer der Pflege, die über mehrere Jahre gehen kann. Andererseits hinterlassen auch Sie einen Eindruck bei den Kunden. Hier können Sie – evtl. unterstützt durch vorherige Schulungen – im besten Fall positive Assoziationen hinterlassen.

Aufbauend auf diesen Informationen und aufgrund der Beratung der Pflegedienstleitung werden die Entscheider (das sind vorwiegend die Angehörigen und die Patienten) zukünftig ihre gewünschten Leistungen in Auftrag geben.

23.2.   Erstbesuche grundsätzlich nur von der Pflegedienstleitung

Der Erstbesuch ist aufgrund seiner Bedeutung immer Ihre Aufgabe, da Sie grundsätzlich die Verantwortung für die Konsequenzen der Einsätze übernehmen müssen, vor allem in wirtschaftlicher Hinsicht. **Dafür haften Sie allein.** Deshalb müssen Sie einen Eindruck gewinnen können, wie lange die Mitarbeiter die Einsätze im Durchschnitt durchführen sollen.

Die Leitung bestimmt maßgeblich,

» welche Leistungen

» in welcher Zeit

Kalkulieren, Organisieren, Steuern   Thomas Sießegger
© Vincentz Network GmbH & Co. KG, Hannover 2009 • ISBN: 978-3-86630-079-8

» von welcher Qualifikation und

» in welcher Art und Weise

durchgeführt werden sollen.

Dieser Eindruck sollte nach ca. 1 Woche konkretisiert werden durch die Vorgabe in einer minutiösen Personal-Einsatz-Planung. D. h. die Personal-Einsatz-Planung ist maßgeblich das Ergebnis des Erstbesuchs.

23.3. Informationen, wie die Finanzierung wirklich aussieht

= das, was die Politik (und die Kassen) nicht deutlich machen!

Beim Erstgespräch kann deutlich gemacht werden, dass die Pflegeversicherung keine umfassende Finanzierung leisten kann. So beklagenswert es ist, der Großteil der Bevölkerung weiß immer noch nicht Bescheid, dass die Pflegeversicherung nicht alle Leistungen bezahlt. Die Vollkasko-Mentalität der Entscheider muss beim Erstbesuch korrigiert werden. Wird dies deutlich gemacht, ist es wahrscheinlicher, dass die Angehörigen und Patienten später bei notwendigen Zuzahlungen nicht enttäuscht sind. Beim Erstbesuch kann auch klar gemacht werden, dass in Zukunft die Kunden wahrscheinlich noch mehr „Eigenverantwortung" übernehmen müssen, insbesondere dann, wenn sie Wünsche und Bedürfnisse haben, die über das Leistungsspektrum der Pflegeversicherung hinausgehen oder wenn die Leistungsgrenzen überschritten werden.

Trotz der weiteren Erhöhung der Pflegesachleistungen und der Pflegegeldleistungen wird es langfristig zu einem Anstieg bei den Zuzahlern und den Privatzahlerleistungen kommen.

23.4. Pflegeverträge abschließen

Es ist weiterhin Ihre Aufgabe, Pflegeverträge abzuschließen.
Dies wird meist beim Erstbesuch durchgeführt oder vorbereitet.

23.5. Kalkulation der Kosten beim Erstbesuch

Beim **Erstbesuch** geht es insbesondere um eine ehrliche, strategisch richtige Information der Kunden. Es geht mehr um Beratung als um Verkaufen. Dabei muss z. B. ein Kalkulationsraster zur Verfügung stehen, mit dem vor Ort beim Patienten bestimmt werden kann, was die Pflege kosten wird und welche Zuzahlungen bzw. Eigenanteile notwendig sind:

Welche Leistungen wollen die Angehörigen selbst übernehmen?

Auch der Wert von Pflege kann beim Erstbesuch verdeutlicht werden: Warum kostet eine Arbeitsstunde einer Krankenschwester ca. 45,– €? Das Bewusstsein der Angehörigen und/oder der Patienten muss – entgegen der landläufigen Meinung (Pflege kostet nichts) – geschärft werden. Es handelt sich hier um eine hochwertige Dienstleistung. Für das Selbstbewusstsein und für das Auftreten der Mitarbeiter ist das später wichtig.

23.6. Schritte einer Kostenkalkulation im Rahmen des SGB XI

Checkliste Kostenkalkulation

1. Vorstellen der Leistungen, die durch den Pflegedienst wahrgenommen werden können.
   Die Finanzierung wird zunächst nur allgemein angesprochen.

2. Gemeinsames Festlegen mit den Angehörigen und den Patienten:
   Was sind die Wünsche, was sind die Bedürfnisse?

3. Zusammen mit den Angehörigen und den Patienten wird ein Wunschpaket an Leistungen zusammengestellt.
   Das Thema Kosten sollten Sie weiterhin umgehen.

4. Bestimmung der Kosten:
   a) Festlegung der Gesamtkosten für das gewünschte Leistungspaket.
   b) Abzug der durch die Pflegeversicherung übernommenen Kosten.
   c) Feststellen, was von den Angehörigen und/oder Patienten selbst übernommen werden muss.

5. Abwarten der Reaktionen:
   a) Akzeptanz ➔ Schriftliches Festhalten der geplanten Leistungen.
      Abschluss eines Pflegevertrages.
   b) Angehörige und/oder Patienten können/wollen den „Rest" nicht bezahlen ➔ Ausloten der Möglichkeiten, ob ggf. Sozialhilfe in Anspruch genommen werden kann – oder ➔ weiter mit Punkt 6.

6. Die Angehörigen und/oder die Patienten kürzen die Leistungen um den Anteil, den sie selbst erbringen möchten.
   Wichtig ist, dass die Angehörigen selbst entscheiden, welche Leistungen sie übernehmen möchten.
   Von Ihnen sollte deutlich gemacht werden, dass diese Vereinbarung ebenfalls zum Vertrag mit dem Pflegedienst gehört. Das heißt, es ist wichtig, Verbindlichkeit zu schaffen, wer welche Leistungen erbringt.

Festgehalten wird dies am besten
a) im Pflegevertrag,
b) als Kopie in der Pflegedokumentation.

Zur Aufklärung gehört es auch, deutlich Grenzen zu setzen:
Welche Ansprüche können/wollen Sie als Pflegedienst nicht erfüllen?

24. Pflegevisiten: Wie können sie intensiv und konsequent genutzt werden?

Pflegevisiten sind fest einzuplanen, sonst werden sie im Alltagsgeschäft vernachlässigt. Der Rhythmus sollte ca. 6–12 Monate sein. Weiterhin sollte darauf geachtet werden, dass Sie diese Aufgabe nicht an andere examinierte Pflegefachkräfte delegieren, die nicht in der Finanzverantwortung stehen. Es geht nicht darum, dass alle Visiten kostendeckend sind. Angesichts dessen, dass die Patienten anschließend an diese Besuche mehrere Monate versorgt werden und dass diese Gespräche von so großer Bedeutung sind, ist die Frage nach der Kostendeckung zu vernachlässigen.

Im Normalfall sind die möglichen Erlössteigerungen enorm (wenn die Pflegevisiten bisher vernachlässigt wurden oder „nur" von Pflegefachkräften durchgeführt wurden).

Sie können nicht genau beziffert werden. Erfahrungen zeigen jedoch, dass sich durch die Einführung betriebswirtschaftlich orientierter Pflegevisiten ca. 5%–15% des bisherigen Umsatzes als Zusatzerlös erzielen lassen (Dieser Erfahrungswert gilt, wenn die Pflegevisiten bisher nicht oder nur sehr unsystematisch durchgeführt wurden):

a) Teilweise (ca. zur Hälfte der Umsatzsteigerung) baut dieser Zusatzerlös auf Leistungen auf, die so oder so schon erbracht wurden, aber bisher noch nicht abgerechnet wurden, das ist also „reiner Gewinn", wenn die Leistungen zukünftig abgerechnet werden.

b) Aber auch Leistungen, die zusätzlich verkauft werden – bei gleichzeitig erhöhtem Personaleinsatz – liefern einen Beitrag zur Deckung der Gemeinkosten.

Pflegevisiten sollten Sie immer selbst durchführen, nicht nur um die Personal-Einsatz-Planung im Griff zu haben, sondern auch um den Kontakt zu den Patienten zu halten und somit die Bindung an den Pflegedienst zu sichern. Man kann Pflegevisiten – in diesem Sinne – auch als „wiederholte Erstbesuche" bezeichnen. Wie bei den Erstbesuchen wird hier der Grundstein gelegt für zukünftige Erlöse. Aber auch das Bewusstsein der Patienten und der Angehörigen kann man hiermit beeinflussen. Natürlich stehen Erstbesuche und Pflegevisiten im engen Zusammenhang mit dem Thema Verkaufsgespräche.

Sie sollten alle Patienten mindestens 1 Mal jährlich besuchen und damit Pflegevisiten durchführen. Diese Pflegevisiten, die hier beschrieben werden, mei-

Kalkulieren, Organisieren, Steuern   Thomas Sießegger
© Vincentz Network GmbH & Co. KG, Hannover 2009 • ISBN: 978-3-86630-079-8

nen den rein wirtschaftlichen Aspekt. Sie müssen natürlich kombiniert werden mit den fachlichen Fragen, die ebenso von Bedeutung sind. Schließlich sind Sie juristisch verantwortlich.

Die Pflegevisiten werden also basierend auf folgenden Fragen durchgeführt:

1. Werden tatsächlich alle Leistungen, die erbracht werden, auch abgerechnet?

   → **Hier gibt es nämlich ein sehr großes Potenzial an zusätzlichem Ertrag.**

2. Bestehen noch zusätzliche Bedarfe bei den Patienten in Form von Leistungen der Pflegeversicherung oder in Form von Privatleistungen?

Das Prüfen von Punkt 1 wird dazu führen, dass (ohne Mehrarbeit) die Erträge steigen werden, das Betriebsergebnis sich also verbessert. Pflegevisiten sind ein Instrument der Steuerung. Bitte prüfen Sie bei der Durchführung, stellen Sie sich den Fragen:

Checkliste für die Durchführung von Pflegevisiten

1. Ist das mit den Patienten vereinbarte Leistungsspektrum noch passend?
2. Zeichnen Ihre Pflegemitarbeiter auch tatsächlich alle von ihnen erbrachten Leistungen auf?
3. Ist der Zeitaufwand für die bisherigen Leistungspakete noch angemessen? Welche individuellen Veränderungen gibt es von Seiten des Patienten?
4. Welche Zusatzbedarfe oder Wünsche gibt es noch von Seiten der Patienten?
5. Wie sieht die (vielleicht veränderte) finanzielle Situation der Patienten und der Angehörigen aus?
6. Ist die Qualifikation der eingesetzten Mitarbeiter noch die richtige?
7. Sollte der Einsatz geteilt werden?
8. Besteht der Bedarf an „niederschwelligen" Leistungen, der vielleicht von Helfer erbracht werden kann?
9. Optimale Tourenplanung: Liegt der (tägliche) Termin noch in der richtigen Zeit und in der richtigen Reihenfolge?
10. Welche Fäden können Sie im Netzwerk spinnen, um die Inanspruchnahme von Leistungen zu fördern? Wer kann Sie unterstützen: Ärzte, Krankenhäuser, Pfarrer, Bürgermeister, Politiker ...?

25. Beratungsgespräche nach § 37 Abs. 3 SGB XI: Wie können sie intensiv und konsequent genutzt werden?

Um die Durchführung von Beratungsgesprächen nach § 37 Abs. 3 SGB XI gibt es oft Diskussionen, ob diese kostendeckend sind. Teilweise wird versucht, diese Besuche möglichst effizient durchzuführen und sie deshalb zu kürzen, weil sie eben meist nicht kostendeckend bezahlt sind. Die Bemühungen um Kostendeckung sollten nicht zu einer Verschlechterung der Qualität der Beratungsgespräche führen – oder zu dem Versuch, möglichst wenige Beratungsgespräche anzunehmen. Dabei wird missachtet, dass sie zu einem gehörigen Anteil zu zukünftigen Erlösen beitragen können.

Die Beratungsgespräche nach § 37 Abs. 3 SGB XI sind aber in ihrer besonderen Bedeutung ähnlich den Erstbesuchen. Es mag sein, dass die Beratungsgespräche aus wirtschaftlicher Sicht oft nicht lohnend sind, doch sollte stattdessen der „Werbeaspekt" berücksichtigt werden, da durch einen geschickten Einsatz und durch entsprechendes Auftreten zukünftige Patienten gewonnen werden können. Bei den Beratungsgesprächen kann die Kompetenz des Pflegedienstes dargestellt und es können neue Kunden gewonnen werden. Hierfür sollte es deshalb spezielle Trainings geben. Für die Durchführung der Beratungsgespräche sollten mehrere Pflegefachkräfte speziell geschult werden.

Beratungsgespräche müssen nicht unbedingt durch die Leitung oder die Stellvertretungen geführt werden. Wenn Zeit für Leitung benötigt wird, können Beratungsgespräche an speziell geschulte Pflegefachkräfte delegiert werden. Erst wenn sich ein konkreter Pflegebedarf ergibt, sollten Sie als Leitung einen Erstbesuch und später Pflegevisiten durchführen. Die Planung der Beratungsgespräche erfolgt genauso, als handele es sich um Einsätze der Pflegemitarbeiter. Die Einsätze sind zeitlich zu planen – und vor allem aussagefähige Statistiken per EDV zu erstellen. Die Überwachung der Termine sollte ebenfalls per EDV erfolgen. Außerdem ist die für die Beratungsgespräche benötigte Zeit zu erfassen. Über die Termine sollte per EDV gewacht werden, am besten mit dem Verwaltungs- und Abrechnungsprogramm in Ihrem Pflegedienst. Ganz wichtig ist, die Patienten von Seiten des Pflegedienstes anzurufen, damit sie nicht selbst anrufen müssen. Die Kriterien, auf die beim Beratungsgespräch geachtet wird, sollten systematisch (in Form eines Standards) entwickelt werden.

Kalkulieren, Organisieren, Steuern   Thomas Sießegger
© Vincentz Network GmbH & Co. KG, Hannover 2009 • ISBN: 978-3-86630-079-8

Wichtig ist dabei:

a) eine einheitliche Durchführung zu gewährleisten,

b) eine Checkliste über die zu prüfenden Sachverhalte zu erstellen. Diese sollte zukünftig Grundlage für die Beratungsgespräche (gleichgültig von wem sie durchgeführt werden) sein.

26. Was ist der richtige Umgang mit Über-/Mehrstunden? Freizeitausgleich oder Auszahlen?

Kaum ein Thema in ambulanten Pflegediensten ist so emotional besetzt wie das Thema Überstunden und Mehrstunden. Es geht nun darum, einen sachlichen, objektiven Umgang mit dem Thema zu finden, mit einer betriebswirtschaftlichen Sichtweise. Ziel ist es, neue Möglichkeiten einer flexiblen Gestaltung im Rahmen der Personal-Einsatz-Planung zu unterstützen.

Das Arbeitszeitgesetz kennt den Begriff der Mehrarbeit oder der Überstunden nicht. Es kennt nur zulässige Arbeitszeiten und verbietet eine darüber hinausgehende Arbeit. Mehrarbeit ist daher eine Frage der vertraglichen Arbeitszeit. Die betriebliche Praxis spricht hier von Überstunden, auch wenn der Sprachgebrauch nicht einheitlich ist. Überstunden liegen immer dann vor, wenn die vertraglich vereinbarte Arbeitszeit überschritten wird. Für den Arbeitgeber stellt sich die Frage, ob Überstunden mit einem höheren Entgelt – einem sogenannten Überstundenzuschlag – zu vergüten sind.

Die Zahlung eines solchen Zuschlags und dessen Höhe muss im Arbeitsvertrag vereinbart werden, sofern sie sich nicht aus einer tariflichen Regelung ergibt. Wird ein Überstundenzuschlag gezahlt, setzt sich die Überstundenzahl aus dem Grundlohn für die jeweilige Überstunde und dem tarifvertraglich oder arbeitsvertraglich vereinbarten Mehrarbeitszuschlag zusammen. Beide Teile gehören zum laufenden Arbeitslohn.

Definition Mehrstunden	Definition Überstunden	Beispiel
Mehrstunden sind Arbeitsstunden, die über die Stundenzahl im Arbeitsvertrag hinausgehen. Sie werden den Mitarbeitern in der Regel mit dem normalen Stundensatz bezahlt.	Überstunden sind Arbeitsstunden, die über ein Vollzeitarbeitsverhältnis hinausgehen. Die Grenze liegt z. B. bei 38,5 Std./Wo. oder bei 40,0 Std./Wo. Darüber hinausgehende Stunden werden manchmal mit einem Zuschlagssatz vergütet.	Eine Mitarbeiterin hat einen Arbeitsvertrag über 35 Std./Woche. Ein Vollzeitarbeitsplatz hat 38,5 Std./Woche. Sie arbeitet diese Woche 40 Std. Folglich hat sie 3,5 Mehrstunden geleistet und 1,5 Überstunden.
Im Weiteren werden die Begriffe Über-/Mehrstunden aber synonym verwendet.		

Kalkulieren, Organisieren, Steuern   Thomas Sießegger
© Vincentz Network GmbH & Co. KG, Hannover 2009 · ISBN: 978-3-86630-079-8

Für Über-/Mehrstunden gibt es Geld oder Freizeitausgleich.
Der Arbeitsvertrag muss genau aufzeigen, wie viele Stunden Sie je Tag und je Woche für das vereinbarte Entgelt arbeiten müssen. Fehlt im Vertrag eine solche Vereinbarung, gilt die übliche tarifliche oder betriebliche Arbeitszeit. Verlangt der Arbeitgeber, dass mehr gearbeitet wird, muss er diese Arbeit zusätzlich bezahlen.

Falsch: **Über-/Mehrstunden werden grundsätzlich in Freizeit ausgeglichen** (anstatt diese auszuzahlen).

Eine Entscheidung, die in vielen Pflegediensten getroffen wurde – in dem vermeintlichen Glauben, diese sei wirtschaftlich. Das Gegenteil ist der Fall. Über-/Mehrstunden werden schneller aufgebaut als sie abgebaut werden (können). Dieses System „Freizeitausgleich" führt dann zwangsläufig zu Unwirtschaftlichkeit. Mit dem Auszahlen dagegen ist das Problem vom Tisch.

Aufpassen sollte man jedoch, wenn für Überstunden Zuschläge gezahlt werden müssen. Dann könnten die Mehrkosten pro Arbeitsstunde die wirtschaftlichere Arbeitsweise des Auszahlens überkompensieren.
Die wirtschaftlichere Verfahrensweise des Auszahlens ist nur insoweit anzuwenden, wenn gewährleistet ist, dass ein Minimum an Über-/Mehrstunden bestehen bleibt, um ggf. vorkommende Unterauslastungen auch tatsächlich durch Freizeitausgleich noch realisieren zu können.

Checkliste zum Umgang mit Über-/Mehrstunden

» Wenn die Mitarbeiter über Über-/Mehrstunden (mit)zu entscheiden haben:
Dann sollte das Verhalten des Umgangs mit Über- bzw. Mehrstunden genau beobachtet werden. Ein „Hamstern" von Über-/Mehrstunden sollte nicht möglich sein.

» Im Idealfall sollten jedoch Sie alleine im Rahmen der Dienstplanung und der Personal-Einsatz-Planung über die Entstehung von Über-/Mehrstunden entscheiden.

» Höchstgrenzen für Über-/Mehrstunden sollten in jedem Pflegedienst für alle Mitarbeiter festgelegt werden. Über-/Mehrstunden sollten gemeinsam mit den Mitarbeitern vereinbart werden.

» Bei Teilzeitkräften sollte schon bei der Personaleinstellung geklärt werden, ob sie zukünftig flexibel über das Maß ihrer regelmäßigen Beschäftigung hinaus Mehrstunden leisten sollen.

» Auszahlen der mehr geleisteten Stunden ist besser, wenn gewährleistet ist, dass es niemals zu einer Unterschreitung der arbeitsvertraglichen Stunden kommt.

» Erfahrungsgemäß schwanken die Zahlen der Patienten und der Erlöse +/− 10%. Das heißt, wenn die Arbeitsverträge immer im Durchschnitt um 10%−15% überschritten werden und diese Überschreitung zur Auszahlung kommt, gibt es keine Gefahr für den Pflegedienst, dass die Mitarbeiter in die Minusstunden kommen.

27. Was ist das beste flexible Arbeitszeitmodell, um eine wirtschaftliche Personal-Einsatz-Planung zu gewährleisten?

Flexible Arbeitsverträge

Arbeitsverträge sollten – wenn möglich – nur noch mit flexiblem Stundenumfang vereinbart werden:

Beispiele:

> » Die 1. Mitarbeiterin hat einen Vertrag über 19 (–25) Std./Wo., dies entspricht ca. 76 – 100 Std./Monat

> » Die 2. Mitarbeiterin hat einen Vertrag über 17 (–24) Std./Wo., dies entspricht ca. 68 – 96 Std./Monat

> » Die 3. Mitarbeiterin hat einen Vertrag über 10 (–14) Std./Wo., dies entspricht ca. 40 - 56 Std./Monat

usw.

Alle Stunden, die im Rahmen dieser Vereinbarung liegen, werden am Ende des Monats ausbezahlt. Es gibt per Definition keine „Mehrstunden" mehr! Sie können diese Stunden dann „mehr geleistete Stunden" nennen. Diese werden generell zu Beginn des neuen Monats ausbezahlt. So werden fixe Personalkosten zu variablen gemacht.

Checkliste zu flexiblen Arbeitsverträgen

> » Die Verträge sind mitarbeiterorientiert zu gestalten, d. h. die Bedürfnisse der Mitarbeiter sind bei der Bewerbung zu erfragen.

> » Es ist arbeitsvertraglich nicht möglich, eine Obergrenze der Stunden zu benennen (so wie es eigentlich wünschenswert wäre), sondern nur eine exakte Stundenzahl pro Woche. Außerdem haben die Mitarbeiter im Rahmen der Lohnfortzahlung im Krankheitsfall oder bei Urlaubsansprüchen immer Anspruch auf den Durchschnitt der Stunden der letzten drei Monate. Insofern sollten diese Regelungen im gegenseitigen Einvernehmen getroffen werden.

93

Kalkulieren, Organisieren, Steuern   Thomas Sießegger
© Vincentz Network GmbH & Co. KG, Hannover 2009 • ISBN: 978-3-86630-079-8

» Die Grenzen sollten vom Arbeitgeber streng eingehalten, wenn nicht gar garantiert werden (denn die Mitarbeiter bringen Flexibilität mit – und gerade bei einer Teilzeitkraft ist das Bedürfnis besonders legitim, nicht über ein bestimmtes Maß an Stunden hinaus gedrängt zu werden [denn sonst hätte sich die Kollegin ja gleich einen Vollzeit-Arbeitsplatz gesucht]).

» Wenn möglich sollten in der Vereinbarung die Monatsstunden genannt sein und weniger die Wochen pro Stunde betont werden.

» Anzuwenden sind diese neuen Verträge allerdings ohne Probleme **nur bei neuen Mitarbeitern.**
Gleichzeitig kann man die bisherigen Mitarbeiter befragen, ob sie auch eine Herabsetzung der Arbeitsstunden wünschen bei gleichzeitiger Auszahlung der entstehenden Mehrstunden. Ca. 10 % – 20 % der bisherigen Mitarbeiter geht auf solche Vorschläge gerne ein.

Nachfolgendes Schaubild zeigt die Absenkung der durchschnittlichen Besetzung mit Personal im Rahmen der natürlichen Fluktuation oder bei Expansion.

» Fluktuation: Scheidet ein Mitarbeiter aus, wird er durch einen neuen ersetzt, aber nicht in gleichem Stundenumfang.

» Expansion: Könnte rechnerisch ein Mitarbeiter mit 25 Std./Wo. eingestellt werden, wird er nur mit 19 Std./Wo. eingestellt.

In beiden Fällen werden die tatsächlichen darüber hinausgehenden Stunden ausbezahlt, zu variablen Kosten gemacht.

Sinkt die durchschnittliche Besetzung unter die untere Schwankungsgrenze, werden die gesamten Personalkosten (die sich aus einem fixen und einem variablen Anteil zusammensetzen) zu variablen Gesamtkosten.

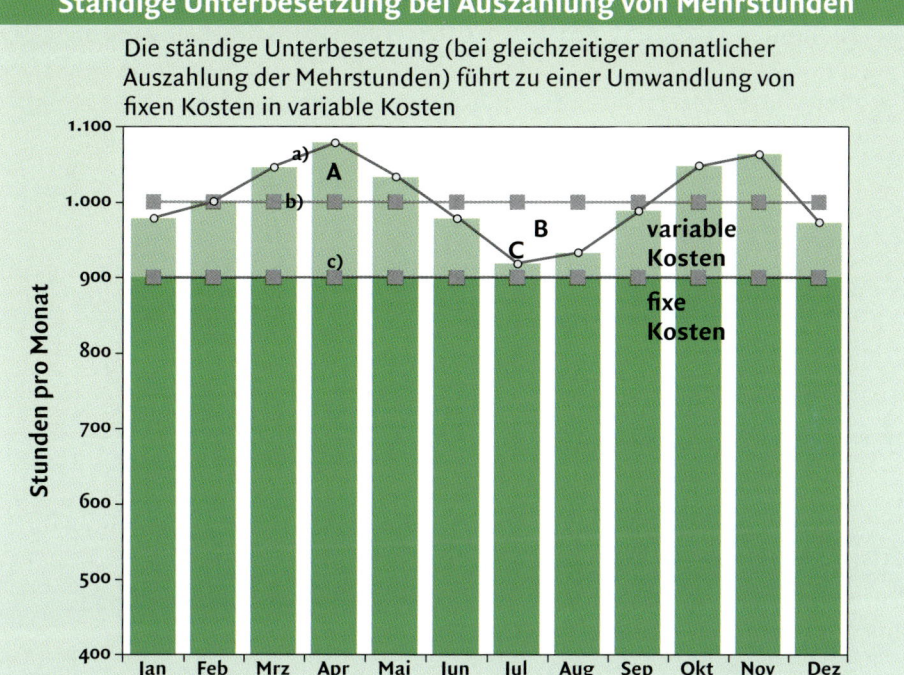

Ständige Unterbesetzung bei Auszahlung von Mehrstunden

Die ständige Unterbesetzung (bei gleichzeitiger monatlicher Auszahlung der Mehrstunden) führt zu einer Umwandlung von fixen Kosten in variable Kosten

Erläuterungen zum Schaubild:

a) Diese Linie entspricht dem tatsächlichen Verbrauch von Stunden in den einzelnen Monaten des Jahres.

b) Das „klassische" Beschäftigungsmodell geht davon aus, dass Auslastungsschwankungen während des Jahres mithilfe von Über- bzw. Mehrstunden bewältigt werden (Phase A) und andererseits über Freizeitausgleich (Phase B) wieder ausgeglichen werden. Im Durchschnitt ergibt sich die Linie b) als feste Beschäftigung der Mitarbeiter. Dies bedeutet aber auch, Fixkosten zu haben.

c) Der neue betriebswirtschaftliche Ansatz geht davon aus, dass die durchschnittliche Besetzung abgesenkt (Linie c) wird, mindestens auf das Niveau des tiefsten Punktes der erfahrungsgemäßen Auslastung (Punkt C).

Unter der Linie c) entstehen Fixkosten, oberhalb (durch monatliche Auszahlung) entstehen variable Kosten.

95

Dadurch, dass die herabgesetzte Stundenanzahl der Mitarbeiter nie unterschritten wird, entwickelt sich der „Charakter" der Gesamtkosten (die aus der Addition von fixen und variablen Kosten ergeben) zu variablen Kosten.

Hinweis: Ergänzend lesen Sie bitte auch Punkt 37. „Wie können die Ist-Stunden der Mitarbeiter an die Erträge angepasst werden?", S. 132

28. Wie finden Sie die angemessene Leitungsquote? ... und die Verwaltungsquote?

28.1. Berechnung und Bewertung der Leitungsquote

Um festzustellen, wie hoch der Anteil der Leitung insgesamt ist, müssen alle beschäftigten Mitarbeiter mit in eine Berechnung einbezogen werden.

Dieser Berechnung ist ein Modell zugrunde gelegt:

Kennzahl zum Beschäftigungsumfang in der Leitung

Für eine Bewertung werden die Anteile herangezogen, mit denen Leitungskräfte nicht in der Pflege tätig sind (Somit ist dies eine „Negativ"-Definition von Leitung, um der schwierigen Frage aus dem Weg zu gehen: Was ist Leitung?).

Als grobe Orientierung kann von einem Wert ausgegangen werden, der sich in Betriebsvergleichen als Mittelwert ergeben hat:

$$\frac{\text{Anzahl der Stunden Leitung im Monat X}}{\text{Anzahl der Stunden Pflegemitarbeiter im Monat X}} \quad \text{x } 100\,\%$$

Beispiel:

$$\frac{207{,}5 \text{ Std.}}{2.574{,}8 \text{ Std.}} \quad \text{x } 100\,\% = 8{,}06\,\%$$

Anmerkung: bei den Stunden der Leitung und den Stunden der Mitarbeiter handelt es sich jeweils um die reinen Anwesenheitszeiten (B) oder in beiden Fällen um die bezahlte Arbeitszeit (A). Siehe Stundenmodell auf S. 127.

Bei 11% – 13% würde ich den Orientierungswert ansetzen.

Werte, die massiv darunter liegen, deuten auf eine Vernachlässigung der Leitungsfunktion hin. Werte, die stark über diesem Wert liegen, sind eine Kostenfrage.

Aufgrund der großen Schnittstellen zur Verwaltung wird später das Verhältnis „Leitung zu Pflege" zusammen mit dem Verhältnis „Verwaltung zu Pflege" zu bewerten sein.

97

Kalkulieren, Organisieren, Steuern   Thomas Sießegger
© Vincentz Network GmbH & Co. KG, Hannover 2009 • ISBN: 978-3-86630-079-8

28.2. Berechnung und Bewertung der Verwaltungsquote

Die Kennzahl zum Beschäftigungsumfang in der Verwaltung

Wird die Abrechnung im Pflegedienst durchgeführt, kann – als grobe Orientierung – von einem Wert ausgegangen werden, der sich in Betriebsvergleichen als Mittelwert bewährt hat:

$$\frac{\text{Anzahl der Stunden Verwaltungskraft im Monat X}}{\text{Anzahl der Stunden Pflegemitarbeiter im Monat X}} \quad \text{x } 100\%$$

Beispiel:

$$\frac{112,6 \text{ Std.}}{2.574,8 \text{ Std.}} \quad \text{x } 100\% = 4,37\%$$

Bei 4% – 6% würde ich den Orientierungswert ansetzen.
Anders ausgedrückt: Auf ca. 25 Vollzeitstellen Pflege kommt eine Vollzeitstelle Verwaltung.

Die Abrechnung der Leistungen macht ca. 50% der Arbeitszeit einer Verwaltungskraft (einer Verwaltungskraft, wie sie „normalerweise" in einem ambulanten Pflegedienst zum Einsatz kommt) aus.

Die Rechnungserstellung ist grundlegende Basis für die Erstellung von

a) Statistiken und

b) der Offenen-Posten-Buchhaltung bzw. der Überwachung der Rechnungseingänge.

28.3. Veränderungen bei Einführung einer EDV-gestützten Personal-Einsatz-Planung

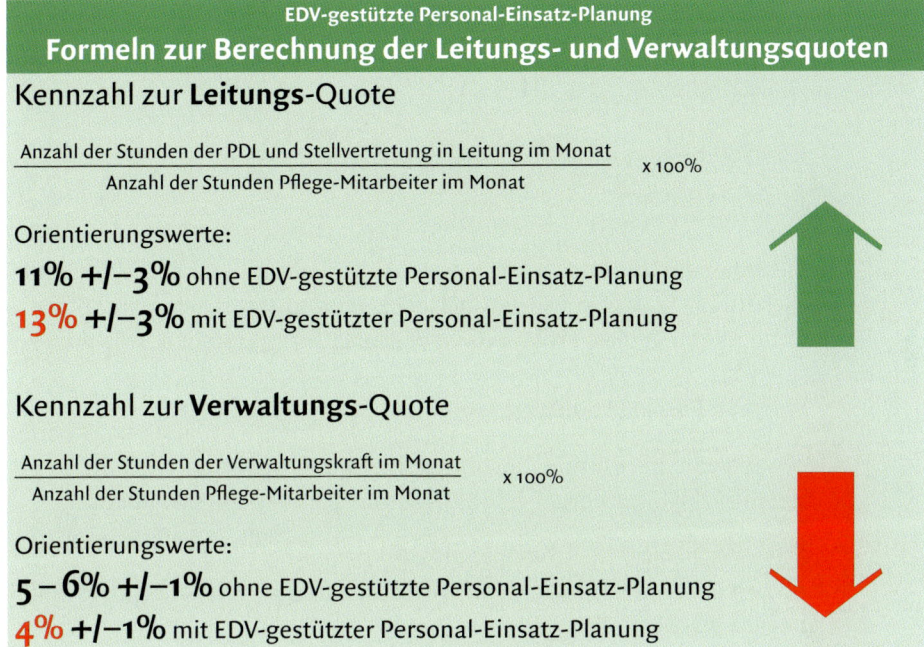

EDV-gestützte Personal-Einsatz-Planung
Formeln zur Berechnung der Leitungs- und Verwaltungsquoten

Kennzahl zur **Leitungs**-Quote

$$\frac{\text{Anzahl der Stunden der PDL und Stellvertretung in Leitung im Monat}}{\text{Anzahl der Stunden Pflege-Mitarbeiter im Monat}} \times 100\%$$

Orientierungswerte:

11% +/−3% ohne EDV-gestützte Personal-Einsatz-Planung

13% +/−3% mit EDV-gestützter Personal-Einsatz-Planung

Kennzahl zur **Verwaltungs**-Quote

$$\frac{\text{Anzahl der Stunden der Verwaltungskraft im Monat}}{\text{Anzahl der Stunden Pflege-Mitarbeiter im Monat}} \times 100\%$$

Orientierungswerte:

5 − 6% +/−1% ohne EDV-gestützte Personal-Einsatz-Planung

4% +/−1% mit EDV-gestützter Personal-Einsatz-Planung

Bei der EDV-gestützten Personal-Einsatz-Planung benötigen Sie etwas mehr Zeit als vorher, da Sie umfangreiche Planungs- und Kontrolltätigkeiten übernehmen. Diese Aufgaben hatten Sie zwar vorher auch schon, nur wurden sie in der Regel meist nicht in der nötigen Intensität ausgeführt. Andererseits bestehen Möglichkeiten der Reduktion bei den Stunden der Verwaltungskräfte. Ca. 40% ihrer bisherigen Arbeitszeit fallen weg, da fast alle Tätigkeiten im Zusammenhang mit der Abrechnung nicht mehr nötig sind; diese lässt sich aufgrund der exakten Planung und der ständigen SOLL-IST-Kontrolle (der Pflegedienstleitung!) reduzieren.

Diese Veränderungen sollten bewusst in der Personalentwicklung bei der Einführung der EDV-gestützten Personal-Einsatz-Planung berücksichtigt werden.

Rechnen und Kalkulieren

Im weitesten Sinne geht es dabei um die beiden betriebswirtschaftlichen Themenbereiche

» Controlling und

» Kostenrechnung.

Eine Pflegedienstleitung ist heutzutage fast täglich mit solchen Kalkulationen beschäftigt. Teilweise werden diese Berechnungen schon von Software übernommen und gelöst. Trotzdem ist es sinnvoll zu verstehen, was dort gerechnet wird.

Beispiel: Fast jede Software kann heutzutage berechnen,

» ob sich eine bestimmte Leistung rechnet oder nicht: Es wird die so genannte erlösorientierte Personal-Einsatz-Planung angewendet,

» warum sich eine Tour rechnet und die andere wiederum nicht,

» ob bestimmte Werte vom Plan abweichen und ob sich dies positiv oder negativ auswirkt.

Andere Berechnungen wiederum gehen nicht mit Software. Eine Kalkulation der Kosten einer Stunde muss individuell für jeden Pflegedienst errechnet werden. Das Ergebnis wiederum benötigen Sie für die Personal-Einsatz-Planung.

Ein anderes Beispiel: Sie sollten in der Lage sein zu berechnen, welche Alternative A oder B günstiger ist, wenn Sie die Kosten für Rufbereitschaft optimieren möchten. Wie groß die Einsparpotentiale sind, wenn Sie die Organisationszeiten verringern, das kann Ihnen keine Software automatisch vormachen.

In diesem Sinne wird hier anhand von Praxisbeispielen aufgezeigt, wie ein Pflegedienst bessere Ergebnisse erzielen kann, wie die Wirtschaftlichkeit verbessert werden kann und wo die Kosten entstehen.

Kalkulieren, Organisieren, Steuern   Thomas Sießegger
© Vincentz Network GmbH & Co. KG, Hannover 2009 • ISBN: 978-3-86630-079-8

29. Welche Patienten rechnen sich und welche nicht?

Hinweis: Ergänzend zu dieser Fragestellung lesen Sie bitte auch:
Punkt 12.2. „Nicht jeder Patient muss sich rechnen, S. 43
Punkt 14. „Warum sollten die Fahrtzeiten nicht den Kunden angelastet werden?", S. 50
Punkt 47. „Mischkalkulation: In welchen Fällen ist sie angebracht", S. 167

Darf man fragen, ob sich ein Patient rechnet oder nicht? Eine heikle Frage? Ja, aber man muss sie stellen dürfen. Es kommt darauf an, wie Sie als Pflegedienstleitung mit dem Ergebnis umgehen.

Mithilfe einer berechneten Übersicht können Sie schon zu Beginn des Monats erfahren, in welche Richtung das monatliche Ergebnis gehen wird.

Checkliste für die Berechnung der Kosten pro Patient

1. Tragen Sie bitte zuerst ein, wie hoch die Kosten pro Stunde (C) für examinierte Pflegefachkräfte und für Pflegekräfte sind.
2. Tragen Sie dann bitte alle Namen Ihrer zu versorgenden Patienten ein.
3. Tragen Sie ein, wie viele Minuten sie **im Durchschnitt** den Patienten versorgen.
4. Bei der Angabe der Fahrtzeit empfiehlt es sich, immer (bei jedem Patienten) den gleichen **Durchschnittswert anzugeben**.
   Allein schon wegen der unterschiedlichen Fahrtzeiten (für welche die Patienten nichts können) spricht einiges dafür, die Fahrtzeiten immer mit dem gleichen (durchschnittlichen) Minutenwert anzugeben, um der Gefahr vorzubeugen, dass Fahrtzeit im Rahmen der Personal-Einsatz-Planung individualisiert wird.
   Die hier eingetragene Fahrtzeit sollte also nicht mit der tatsächlichen Fahrtzeit übereinstimmen.
5. Kreuzen Sie dann bitte an, welche Qualifikation zum Einsatz kommen soll. Sollten zwei Mitarbeiter zum Einsatz kommen, geben Sie bitte zwei Kreuze ein.
   Die Kosten des Einsatzes errechnen sich nun.

101

Kalkulieren, Organisieren, Steuern   Thomas Sießegger
© Vincentz Network GmbH & Co. KG, Hannover 2009 • ISBN: 978-3-86630-079-8

Durch diese Vorgehensweise sind Sie als Pflegedienstleitung schon prospektiv (also zu Beginn des Monats) in der Lage abzuschätzen, ob das Ergebnis des Monats einigermaßen im Lot ist.

Eines muss jedoch klar sein: Sind die Vergütungen nicht leistungsgerecht verhandelt worden, kann auch nicht „kostendeckend" gearbeitet werden. Insofern ist die Frage, ob man innerhalb des Pflegedienstes gewisse Ober- und Untergrenzen (z. B. maximal 300 € „Minus" pro Monat oder maximal 300 € „Plus" pro Monat und Patient) ziehen sollte, ziemlich gefährlich, da der Patient ein Recht darauf hat, die notwendige Leistung und Zeit zu erhalten, aber eben auch nicht mehr als notwendig.

Die meisten EDV-Programme beinhalten übrigens heutzutage diese hier dargestellte Funktion der Abwägung, ob Patienten sich rechnen oder nicht. Manche gehen sogar soweit, die Zeit für den Patienten automatisch den Erlösen anzupassen, so dass sich jeder Patient rechnet. Bitte folgen Sie solchen Vorschlägen nicht pauschal.

Beispiel:

Ein Patient, der sich „nicht rechnet". Der Grund ist in diesem Fall, dass seine Angehörigen einen möglichst hohen Anteil an Pflegegeld bekommen möchten. Eigentlich notwendige Leistungen werden daher nicht beim Pflegedienst in Auftrag gegeben. Aus Mitleid machen die Mitarbeiter diese notwendigen Leistungen mit und verbringen dadurch übermäßig viel Zeit bei dem Patienten – mehr als im Durchschnitt benötigt wird. Bei diesem Patienten sollten Sie als Pflegedienstleitung einschreiten und die Situation klären.
Wenn sich jedoch ein Patient „nicht rechnet", weil er in besonderem Umfang aktivierende Pflege erhält, dann wäre es nicht richtig, diesem Patienten

zusätzlich Leistungen zu verkaufen, nur weil er unrentabel ist. Es wird für diese Patienten andere geben, die sich meistens „rechnen".

Fazit: Nicht jeder Patient muss sich rechnen, aber Sie sollten darauf achten, dass das voraussichtliche Ergebnis Ihren Erwartungen entspricht.

Patienten „Gewinn- und Verlust-"Liste

Bitte nur intern – innerhalb des Dienstes – verwenden! Nur für die Pflegedienstleitung!

Kosten des Mitarbeiters, der diese Tour fährt

a) examinierte Pflegefachkraft (mit 3-jähriger Ausbildung)	45,00 €
b) Pflegekraft/Helfer (mit 1-jähriger Ausbildung)	35,00 €
c) un- oder angelernte Pflegekraft	23,00 €
d) andere Mitarbeiter (z. B. Zivildienstleistende oder Mitarbeiter im FSJ o. Ä.)	19,00 €

Nr.	Name des Patienten	Tageszeit	geplante Dauer des Einsatzes in Min.	kalkulierte Dauer der Fahrtzeit in Min.	kalkulierte Gesamt-dauer des Einsatzes in Min.	ex. PFK	PFK (1)	un-/ang. M.	Zivi/FSJ o. Ä.	daraus errechnen sich folgende Kosten	Bitte eintragen: Was ist der Ertrag?	= Ergebnis pro Einsatz	Häufigkeit pro Monat	= Ergebnis pro Tour	Ergebnis pro Patient zusammen
1	Meier	morgens	52 Min.	6 Min.	58 Min.	×				43,50 €	26,45 €	–17,05 €	21	–358,05 €	
		mittags	18 Min.	6 Min.	24 Min.	×				18,00 €	24,67 €	+6,67 €	21	+140,07 €	
		abends	–	–	–					–	–	–	–	–	–217,98 €
2	Müller	morgens	33 Min.	6 Min.	39 Min.	×				29,25 €	36,87 €	+7,62 €	31	+236,22 €	
		mittags	–	–	–					–	–	–	–	–	
		abends	17 Min.	6 Min.	23 Min.	×				17,25 €	19,12 €	+1,87 €	21	+39,27 €	+275,49 €
3	Schneider	morgens	21 Min.	6 Min.	27 Min.	×				20,25 €	20,30 €	+0,05 €	31	+1,55 €	
		mittags	–	–	–					–	–	–	–	–	
		abends	18 Min.	6 Min.	24 Min.	×				18,00 €	17,96 €	–0,04 €	23	–0,92 €	+0,63 €

Gesamtes Ergebnis der Tour: **+58,14 €**

Diese Tabelle finden Sie als kostenlosen Download unter www.siessegger.de/buch2009/downloads.htm

30. Warum eine hohe Pflegefachkraft-Quote gut ist, und: „Wie berechnet man die Untergrenze der PFK-Quote?"

Zunächst die naheliegenden Schlussfolgerungen aufgrund einschlägiger Kalkulationen.

1. Pflegefachkräfte sind teuer (z.B. 45 € pro Stunde).
2. Geringfügig beschäftigte Mitarbeiter (insbesondere in der Qualifikation als an- oder ungelernte Mitarbeiter) sind wesentlich günstiger, und kosten 20 – 30 € pro Stunde.

Diese Schlussfolgerung ist „zu einfach", wenn daraus abgeleitet wird, die PFK-Quote möglichst niedrig zu halten und möglichst geringfügig beschäftigte Mitarbeiter einzustellen. Eine niedrige Pflegefachkraft-Quote führt nämlich tendenziell eher zu negativen Betriebsergebnissen und zu Unzufriedenheit bei Kunden und Mitarbeitern. Warum?

Zunächst ist – rein mathematisch – die Untergrenze der Pflegefachkraft-Quote zu berechnen. Dafür gibt es grundsätzlich drei Ansätze oder Methoden:

a) nach Umsatz
b) nach Netto-Pflege-Zeit (D)
c) nach Einsatz-Zeit (C)

Berechnung der mindest notwendigen „Pflegefachkraft-Quote"

Nachfolgende Beispielrechnungen machen deutlich, dass in einem durchschnittlichen Pflegedienst der Anteil der Pflegefachkräfte rein rechnerisch niemals unter 35% liegen dürfte.

105

Kalkulieren, Organisieren, Steuern   Thomas Sießegger
© Vincentz Network GmbH & Co. KG, Hannover 2009 • ISBN: 978-3-86630-079-8

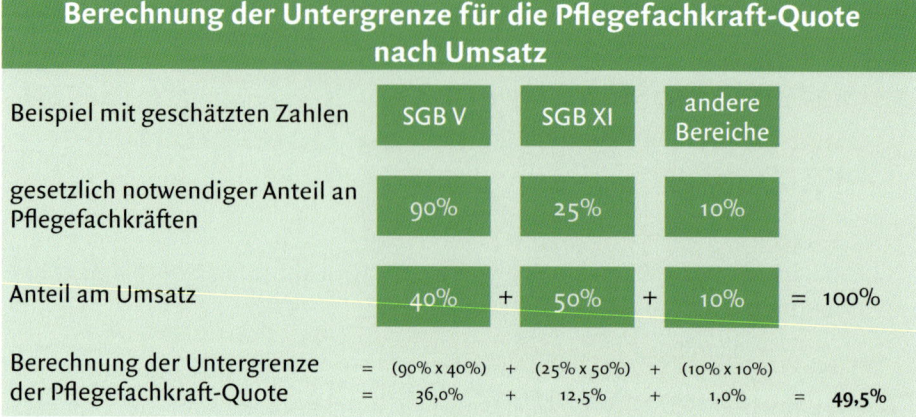

Berechnung der Untergrenze für die Pflegefachkraft-Quote nach Umsatz

	SGB V	SGB XI	andere Bereiche		
Beispiel mit geschätzten Zahlen					
gesetzlich notwendiger Anteil an Pflegefachkräften	90%	25%	10%		
Anteil am Umsatz	40% +	50% +	10% =	100%	
Berechnung der Untergrenze der Pflegefachkraft-Quote	= (90% x 40%) + = 36,0% +	(25% x 50%) + 12,5% +	(10% x 10%) 1,0%	=	**49,5%**

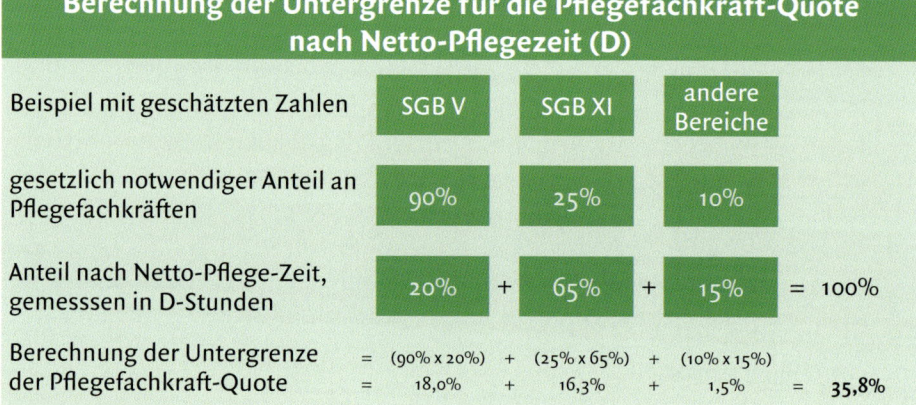

Berechnung der Untergrenze für die Pflegefachkraft-Quote nach Netto-Pflegezeit (D)

	SGB V	SGB XI	andere Bereiche		
Beispiel mit geschätzten Zahlen					
gesetzlich notwendiger Anteil an Pflegefachkräften	90%	25%	10%		
Anteil nach Netto-Pflege-Zeit, gemesssen in D-Stunden	20% +	65% +	15% =	100%	
Berechnung der Untergrenze der Pflegefachkraft-Quote	= (90% x 20%) + = 18,0% +	(25% x 65%) + 16,3% +	(10% x 15%) 1,5%	=	**35,8%**

Anmerkungen:
Fahrtzeiten werden hier also nicht berücksichtigt, was prinzipiell richtig ist für diese Art der Analyse

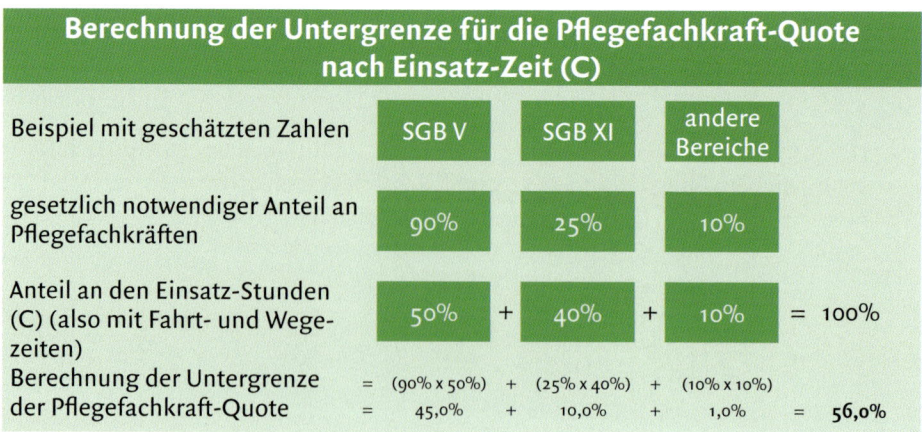

Berechnung der Untergrenze für die Pflegefachkraft-Quote nach Einsatz-Zeit (C)

	SGB V	SGB XI	andere Bereiche		
Beispiel mit geschätzten Zahlen					
gesetzlich notwendiger Anteil an Pflegefachkräften	90%	25%	10%		
Anteil an den Einsatz-Stunden (C) (also mit Fahrt- und Wegezeiten)	50% +	40% +	10% =	100%	
Berechnung der Untergrenze der Pflegefachkraft-Quote	= (90% x 50%) + = 45,0% +	(25% x 40%) + 10,0% +	(10% x 10%) 1,0%	=	**56,0%**

Anmerkungen:

- Im SGB V geht man im Allgemeinen nicht mehr davon aus, dass wirklich alle Behandlungspflegen von Pflegefachkräften erbracht werden müssen, 90% sind hier eine realistische Annahme.
- Im Bereich der „Grundpflegen SGB XI" kann aber auch nicht alles von „Helferinnen" erbracht werden, manche Fälle sind so schwer, dass eine Pflegefachkraft benötigt wird, oder es wird für die Anleitung und Qualitätssicherung ein bestimmter Anteil benötigt, z.B. 25%.
- De facto muss die Pflegefachkraft-Quote höher sein als die errechnete Untergrenze, da es in der Realität einen bestimmten Anteil an Einsätzen gibt, bei denen sowohl SGB V- als auch SGB XI-Leistungen erbracht werden, also so genannte „gemischte Hausbesuche".
- Für die Berechnung der Untergrenze sollte besser die Zeit verwendet werden, da der Zeitanteil bei der Leistungserbringung wesentlicher ist als der Umsatzanteil.
- Der tatsächliche Anteil muss aber wesentlich höher sein als der errechnete, da es in ca. 15 % – 25 % der Hausbesuche zu Mischeinsätzen von SGB V und SGB XI kommt, und es oft ökonomischer (und pflegefachlich besser) ist, auch Leistungen, für die normalerweise „geeignete Pflegekräfte" zum Einsatz kommen können, von Pflegefachkräften durchführen zu lassen.

Durch eine niedrige Pflegefachkraftquote wird die Personal-Einsatz-Planung wesentlich schwieriger. Auch die Leitungsquote muss höher sein als bei einem Pflegedienst der überwiegend mit examinierten Pflegefachkräften arbeitet. Denn: Erstens sind die Mitarbeiter besser ausgebildet, so dass man sie [hoffentlich] nicht so stark anweisen muss wie eine Helferin. Zweitens muss nicht überlegt werden von Seiten der Pflegedienstleitung, welche Mitarbeiterin man wohin schicken kann, denn Pflegefachkräfte können theoretisch [fachlich] alles machen. Die niedrigeren Stundenkosten der Helferinnen werden also durch höhere Leitungskosten kompensiert. Außerdem: Je länger die Fahrtwege sind, desto weniger lohnt sich der [zusätzliche] Einsatz einer Helferin.

Der Pflegefachkraft-Anteil sollte eine Zielgröße von 50% – 90% betragen, um erfolgreich am Markt agieren zu können, je nach Leistungszusammensetzung und je nachdem, wie häufig, SGB V- und SGB XI-Leistungen zusammen erbracht werden.

Nach den rein rechnerischen Gesichtspunkten soll nun auch noch systematisch aufgezeigt werden, welche 3 Hauptgründe es gibt, warum sich eine hohe PFK-Quote sogar betriebswirtschaftlich besser rechnet.

Die Begründung für eine hohe Pflegefachkraft-Quote (aus wirtschaftlicher Sicht)

In der ambulanten Pflege muss die Frage nach der optimalen Qualifikations-Zusammensetzung durch die oft gleichzeitige Erbringung von Leistungen aus SGB V, SGB XI, SGB XII und Privatzahler-Leistungen, anders beantwortet werden als in der stationären Pflege. Dabei sollte aus betriebswirtschaftlicher und aus pflegefachlicher Sicht begründet werden.

Checkliste, warum Pflegefachkräfte „günstiger" sind

Das Argument, die niedrigeren Stundenkosten der un- und angelernten Mitarbeiter (Helferinnen) in der Mischung mit Pflegefachkräften (PFK), führten zu niedrigeren Gesamtkosten, ist falsch.

Folgende zusätzliche Kosten entstehen, wenn immer funktional entschieden wird, „welche Qualifikation ist unbedingt notwendig für den jeweiligen Einsatz?"

1. **zusätzliche Fahrtzeiten der Helferinnen verursachen Arbeitszeit und damit Personalkosten, denn anstatt dass die PFK die Leistungen der Grundpflege im Zusammenhang mit der Behandlungspflege erbringt, muss zusätzlich eine Helferin für die Grundpflege zum Patienten fahren**

2. **zusätzliche Organisations- und Koordinationszeiten (und damit wiederum Kosten) für Absprachen zwischen den PFK und den Helferinnen**

3. **zusätzliche Leitungsanteile der Pflegedienstleitung, welche die Koordination der Einsätze übernimmt**

Neben diesen 3 Hauptgründen bedarf es bei einer starken funktionalen Aufgabenteilung zusätzlicher Fahrzeuge (und damit Sachkosten), da man mehr Fahrzeuge für die zusätzlichen Einsätze benötigt. Deshalb steigen auch die Sachkosten bei einem hohen Anteil weniger qualifizierter Mitarbeiter.

Diese zusätzlichen (unnötigen) Kosten für zu viele Helferinnen überkompensieren in ihrer Summe die (scheinbar) niedrigeren Personalkosten.

Eine weitere – paradox erscheinende – Erkenntnis: Je höher die durchschnittlichen Wegezeiten von Patient zu Patient, desto höher muss die Pflegefachkraftquote sein. Das hat nichts damit zu tun, dass Pflegefachkräfte besser oder schneller Auto fahren können. Je höher die Wegezeiten sind, desto weniger lohnt sich der Einsatz von Helferinnen, da diese zusätzliche Fahrtzeiten im Auto verbringen müssen und damit Personalkosten verursachen, welche die Kostenvorteile der Qualifikation wieder überkompensieren. Pflegedienste mit einer Pflegefachkraftquote von 70%–80% erreichen nachweisbar wesentlich bessere betriebswirtschaftliche Ergebnisse als Pflegedienste mit nur 40%.

Die pflegefachlichen Gründe für eine hohe Pflegefachkraftquote seien hier nur kurz erwähnt:

» Das höhere Maß an Ganzheitlichkeit der Leistungserbringung.

» Die qualitativen Anforderungen der Pflegeversicherung lassen sich mit Pflegefachkräften besser erfüllen als mit Helferinnen.

» Die Ausbildung der PFK beinhaltet das Führen und Erstellen der Pflegeplanung und der Pflegedokumentation. Helferinnen müssen immer wieder angeleitet und kontrolliert werden.

Tipps
Wenn Sie feststellen, dass Sie eine zu niedrige Pflegefachkraft-Quote haben: keine Panik! Nutzen Sie die

a) **natürliche Fluktuation:** Jede Mitarbeiterin, die „geht", wird ersetzt durch eine Pflegefachkraft – oder

b) **Expansion:** Der Pflegebedarf steigt pro Jahr 5%–10% in den nächsten 15–20 Jahren. Nutzen Sie die Anstellung von neuen Mitarbeitern, um die Pflegefachkraft-Quote zu steigern.

Zunehmendes Problem: Sie finden keine Pflegefachkräfte am Markt.

31. Wie sollte das Erstgespräch aus betriebs- wirtschaftlicher Sicht gestaltet werden? Die Kalkulation beim Erstbesuch.

Eine der wichtigsten Aufgaben der PDL ist die Durchführung des Erstge-sprächs. Dieses ist so bedeutend für die objektive Beurteilung und für die Vor-gabe der von den Pflegemitarbeitern zu erbringenden Leistungen, dass diese Aufgabe ausnahmslos von Ihnen durchgeführt werden sollte.

Es sollte nur eine Instanz geben, die maßgeblich bestimmt, welche Leistungen in welcher Zeit von welcher Qualifikation in welcher Art und Wei-se durchgeführt werden sollte.

Die Bedeutung soll anhand von zwei Beispielen, einem schlechten und einem guten, dargestellt werden.

31.1. Das schlechte Beispiel (Wie Sie es nicht machen sollten)

Die Pflegedienstleitung ist bekannt im ganzen Ort; der Pflegedienst besteht schon seit 15 Jahren.

Bei einer neuen Patientin soll ein Erstbesuch durchgeführt werden. Auch Frau Maier (82 Jahre alt) ist stadtbekannt, ebenso ihre zwei Töchter (= die Erben) und die zugehörigen Schwiegersöhne (der eine Bankkaufmann, der andere selbständig: Beide können rechnen); „man kennt sich".

Herr Maier ist vor 5 Jahren gestorben, hat 40 Jahre seines Lebens als „kleiner Angestellter" gearbeitet; das kleine Haus ist abbezahlt, vermutlich hat die Familie ein kleines Vermögen, schätzungsweise 70.000,– €.

Die PDL ahnt, was sie beim Erstbesuch erwartet: Nichts dazubezahlen, Vermögen sichern, wenns schlecht kommt, sogar die Frage: „Was bekommen wir von der Pflegeversicherung heraus?"

Also: In vorauseilendem Gehorsam unterbreitet sie ein Angebot an Pfle-geleistungen, was genau mit den Leistungen der Pflegeversicherung in der Stufe II auskommt (980 €).

Die Leistungen werden so kombiniert, dass Frau Maier (bzw. die Angehö-rigen) nichts dazubezahlen müssen. Die Kalkulation lautet auf den Betrag: 979,20 €.

Kalkulieren, Organisieren, Steuern   Thomas Sießegger
© Vincentz Network GmbH & Co. KG, Hannover 2009 • ISBN: 978-3-86630-079-8

Der Pflegedienst hat dann für alle Ewigkeit „verloren":

Denn es wird (ohne es auszusprechen) suggeriert, dass eine „Komplett-pflege" gewährleistet werden kann, ohne dass die Angehörigen/Erben etwas dazubezahlen müssen. Bei steigendem Pflegebedarf im Laufe der Betreuung wird es den Mitarbeitern immens schwer fallen, zu den Leistungen der Pflege-versicherung zusätzlich etwas zu verlangen. Sie werden geneigt sein, „heimli-che Leistungen" zusätzlich zu erbringen.

31.2. Das gute Beispiel (Wie Sie es machen sollten)

Bestimmung der gewünschten Leistungen, Kalkulation der Kosten und anschließend Berechnung der notwendigen Zuzahlungen – zu-sammen mit den Angehörigen

1. Zunächst stellen Sie die Möglichkeiten der Leistungserbringung durch den Pflegedienst dar. Dabei ist es wichtig, die Fähigkeiten und Ressourcen der zu pflegenden Person mit einzubeziehen. Die „Kunst" ist es, in den ersten 25 Minuten nicht über Geld zu sprechen (auch wenn der Schwiegersohn schon nach 2 Minuten fragt „Was wird denn das kosten?"). Es gilt, den Fo-kus auf die Wünsche und Notwendigkeiten des zu pflegenden Menschen zu richten. Die Finanzierung der Leistungen wird zunächst nur allgemein angesprochen: Pflegeversicherung, Krankenversicherung, Sozialhilfe, pri-vat finanzierte Leistungen usw.

2. Auf Grundlage der vorgestellten Möglichkeiten wird ein „Wunsch"-Leis-tungskatalog für den Patienten zusammengestellt. Folgende Kriterien sind dabei in einer Tabelle zu berücksichtigen:
    – die Leistungen,
    – die Tage des Monats bzw. der Woche, an welchen diese Leistungen er-bracht werden sollen,
    – die Tageszeit (morgens, mittags, abends, nachts) oder ggf. sogar die Uhrzeit,
    – die Frequenz der Leistungserbringung.
    Noch immer wird nicht konkret über Geld gesprochen.

3. Nun wird berechnet, was dieses Leistungspaket insgesamt kosten würde: 1.329,36 € pro Monat.
    Die Angehörigen/Erben sind „überrascht"; sie äußern ihr Missverständnis darüber: „Wir dachten, die Pflegeversicherung bezahlt die Pflege."

Die Wortwahl ist entscheidend: Damit wird Bewusstsein erzeugt, muss deutlich gemacht werden, dass es sich bei den Leistungen der Pflegeversicherung um einen „Zuschuss" handelt, also nicht um eine Vollfinanzierung – was die meisten Menschen immer noch nicht wissen:

b) Abzug der durch die Pflegeversicherung übernommenen Kosten (in Pflegestufe II zurzeit 980 €). Es handelt sich quasi um einen „Zuschuss" der Pflegekasse.

c) Feststellen, was von den Angehörigen und/oder Patienten selbst übernommen werden muss.

4. Abwarten der Reaktionen:

a) Akzeptanz? → Schriftliches Festhalten der geplanten Leistungen.

b) Angehörige und/oder Patienten können/wollen den „Rest" nicht bezahlen → Ausloten der Möglichkeiten, ob ggf. Sozialhilfe in Anspruch genommen werden kann – oder

weiter mit Punkt 5.

5. Die Angehörigen und/oder die Patienten streichen selbst die Leistungen, die sie nicht unbedingt benötigen bzw. die sie selbst erbringen möchten. Wichtig ist, dass dabei (bildlich gesprochen) die Angehörigen selbst den „Stift in die Hand nehmen" und die Leistungen streichen, ggf. bis es exakt aufgeht mit der Finanzierung (durch die Pflegeversicherung).

Von Ihnen muss deutlich gemacht werden, dass diese gestrichenen Leistungen dem Pflegemitarbeiter als Kopie mitgegeben werden und dass dieser täglich Bescheid weiß, was der Pflegedienst leisten soll und was die Angehörigen/Patienten selbst machen wollen.

6. Nun müssen die Mitarbeiter konsequent trainiert werden, die mit den Kunden vereinbarten Leistungen auch einzuhalten, aber vor allem auch, diese nicht zu überschreiten.

Durch diese (etwas übertriebene) Form der Darstellung soll deutlich gemacht werden, auf was es in einem „Verkaufs"-Gespräch ankommt:

a) Fähigkeit zur schnellen Kalkulation,

b) die richtige Wortwahl,

c) die Konsequenz der (nur teilweisen) Erbringung der vereinbarten Leistungen,

d) die Kunst, das Verkaufsgespräch so „rüberzubringen", dass die Angehörigen/Erben sich nicht über den Tisch gezogen fühlen.

Kalkulation der Kosten pro Monat (beim Erstbesuch) für die Leistungen der Pflegeversicherung

Name des Patienten: Frau Beispiel

Es sind nur die farbigen Felder einzugeben

f = früh, m = mittags, a = abends

	A / B	C	Mo			Di			Mi			Do			Fr			Sa			So			E (ges.)	F (korrig.)	G (1.) Pflegedienst alleine)	H (2.) mit Unterstützung Angehöriger)
Nr.	Leistungskomplexe	Preis pro Lstg. in Euro	f	m	a	f	m	a	f	m	a	f	m	a	f	m	a	f	m	a	f	m	a	Anzahl ges.	Anzahl korrig.	Gesamtpreis pro Monat	
1	Große Pflege	10,50 €	x		o	x		o	x		o	x		o	x		o	o		x	o		x	19	9	866,88 €	410,63 €
2	Lagern und Betten	4,00 €		x			x			x			x			x								5	5	86,90 €	86,90 €
3	Hilfe bei der Nahrungsaufnahme	2,40 €																						0	0	0,00 €	0,00 €
4	Fahrtpauschalen	3,00 €	x		o	x		o	x		o	x		o	x		o	o		x	o		x	19	9	247,68 €	117,32 €
5																								0	0	0,00 €	0,00 €
6																								0	0	0,00 €	0,00 €
7																								0	0	0,00 €	0,00 €
8																								0	0	0,00 €	0,00 €
9																								0	0	0,00 €	0,00 €
10																								0	0	0,00 €	0,00 €
	Anzahl der Leistungen:		2	3	2	2	3	2	2	3	2	2	3	2	3	2	2	2	2	2	2	2	0	xxx	xxx	1.201,46 €	614,85 €

Legende für die Eintragungen in die Datei:
x = soll vom Pflegedienst gemacht werden
o = wird von den Angehörigen selbst erbracht

Sachleistung in **Pflegestufe I:**	420,00 €	... das entspricht einer Geldleistung von: 205,00 €
Sachleistung in **Pflegestufe II:**	980,00 €	... das entspricht einer Geldleistung von: 410,00 €
Sachleistung in **Pflegestufe III:**	1.470,00 €	... das entspricht einer Geldleistung von: 665,00 €

Bitte geben Sie hier ein „x" ein:

	1	2	3
I	x		

...je nachdem, um welche Pflegestufe es sich handelt.
(Bitte nur **ein** „x" eingeben!)

Von den Kosten übernimmt die Pflegeversicherung anteilig:	980,00 €	980,00 €
Es bleibt von den Patienten bzw. Angehörigen zu bezahlen:	221,46 €	nichts
dazugehöriges Pflegegeld (als alternative Geldleistung)	410,00 €	410,00 €
Mögliche Auszahlung an Pflegegeld:		152,77 €

Dieses Schaubild finden Sie als kostenlosen Download unter www.siessegger.de/buch2009/downloads.htm

Kapitel 1 2 3 4

Kurzanleitung zur Kalkulation der Kosten der Pflege und zur Berechnung der Zuzahlungsvarianten für die Patienten bzw. Angehörigen

Entweder Sie haben einen Laptop zur Verfügung und berechnen die Kosten vor Ort beim Patienten. Meist ist aber gar kein Laptop für die Pflegedienstleitung vorhanden. Zudem müsste man vor Ort einigermaßen routiniert mit dem Laptop umgehen können, um nicht einen eher negativen Eindruck abzugeben.

Oder Sie machen einen Erstbesuch, erfassen die notwendigen und gewünschten Leistungen und nehmen 2 – 3 Vorschläge mit zum Kunden.

Alternativ lohnt es sich sogar, noch einmal den Patienten mit diesen ausgedruckten Vorschlägen zu besuchen.

Mit dem Kalkulationsraster werden nur die Leistungen der Pflegeversicherung kalkuliert, nicht die Leistungen der Krankenversicherung oder anderer Leistungsbereiche.

Überschreiben Sie einfach die Beispielzahlen (diese sollen Ihnen nur die Funktion aufzeigen).

Spalte A   Tragen Sie hier bitte die Nummern der Leistungen ein, nicht die Nummern der Leistungskomplexe

Spalte B   Tragen Sie hier bitte die Kurznamen der Leistungen ein, die der Kunde wünscht oder benötigt.

Spalte C   Tragen Sie hier den Einzelpreis der Leistung ein.

Spalten D Hier können Sie für jeden Tag, an dem eine bestimmte Leistung gewünscht oder benötigt wird, ein x eintragen. Drei Eintragungen pro Tag sind möglich. Wenn mehr Leistungen notwendig sind, bitte neue Zeile verwenden.

Spalte E   Die Anzahl der gewünschten oder benötigten Leistungen ergibt sich automatisch.

Spalte G   Der Preis 1 („Pflegedienst alleine") ergibt sich nun für die Einzelleistungen und für die gesamten Leistungen pro Monat.

Spalte I   Bitte kreuzen Sie an, welche Pflegestufe der Patient besitzt. Der „Rest" (=Gesamtkosten der Pflege minus Anteil der Pflegeversicherung) ist vom Patienten oder den Angehörigen zu bezahlen. Gegebenenfalls ist den Angehörigen (=Erben) der Zuzahlungsbetrag zu hoch. Nun sollen sie bestimmen, welche Leistungen sie selbst übernehmen (möchten).

In diesem Sinne werden alle „angekreuzten Leistungen überprüft und ggf. mit einem kleinen **o** überschrieben.

Spalte H   Der Preis 2 („mit Unterstützung Angehöriger") ergibt sich ebenfalls automatisch, fällt aber nun geringer aus, vielleicht sogar so niedrig, dass die Angehörigen „nichts" dazubezahlen müssen. Evtl. bleibt sogar anteilig noch etwas vom Pflegegeld übrig.

Aber: Sie haben mit den **„o"**s festgehalten, dass die Angehörigen Leistungen selbst erbringen möchten.

Probieren Sie einfach ein paar Varianten aus!

Das endgültige Ergebnis wird dann Anlage des Pflegevertrages und kann in der Pflegedokumentation hinterlegt werden, so dass sowohl Mitarbeiter als auch Angehörige immer wieder einsehen können, was vereinbart wurde. Das hat den Vorteil (gegenüber früher), dass nun alles schriftlich festgehalten ist.

Übersteigt der Pflegebedarf im Laufe der Zeit die Vereinbarungen, kann entweder mit Zuzahlungen reagiert werden – oder der Pflegedienst überlegt sich, den Pflegevertrag zu kündigen, wenn die Angehörigen ihren Zusagen nicht gerecht werden.

32. Welche Möglichkeiten gibt es zur Berechnung der Krankheitsquote?

Sichere Rahmenbedingungen für die Mitarbeiter sorgen für Zufriedenheit. Die Zufriedenheit der Mitarbeiter hat sehr viel mit der Krankheitsquote zu tun. Die Höhe der Ausfallzeiten trägt maßgeblich zum Erfolg eines Pflegedienstes bei, sie ist ein wichtiger Faktor für die Wirtschaftlichkeit. Die Zeiten für Krankheit sind in etwa so wertvoll und teuer wie die Kosten für die Autos eines Pflegedienstes (jeweils ca. 5% der Gesamtkosten des Pflegedienstes). Deshalb sollte permanent geprüft werden, wie hoch die Krankheitsquote ist und welche Ursachen hierfür verantwortlich sind.

Ist die Krankheitsquote über dem Erfahrungswert (dieser liegt bei ca. 3%–6%), so fehlen automatisch Stunden im Rahmen der Personal-Einsatz-Planung. Diese Stunden müssen zusätzlich von anderen Mitarbeitern (mit zusätzlichen Personalkosten) geleistet werden. Dies führt u. a. zu Mehrbelastung und Unzufriedenheit. Wobei Unzufriedenheit wiederum selbst Mitursache für Fehlzeiten sein kann. Ein Teufelskreis. Die Gründe für Unzufriedenheit sind vielfältig.

Die Quellen für Unzufriedenheit sind oft unklare Regelungen im Pflegedienst, d. h. wenn den Mitarbeitern zu viel an Entscheidungen selbst überlassen wird. Unzufriedenheit hat einen Zusammenhang mit der Krankheitsquote.

32.1. Die Zusammensetzung der Arbeitszeit der Mitarbeiter zur Definition der Krankheitsquote

a) Die Krankheitsquote kann nach alternativen Methoden erhoben werden
   – gemessen an den gesamten Tagen des Jahres (X)
   – gemessen an den bezahlten Tagen des Jahres (A)
   Die Vorgehensweise ist uneinheitlich. Ich bevorzuge die Variante B.
   Wichtig ist nur, in welcher Weise Sie sich mit anderen vergleichen. Haben Sie die gleiche Basis?

Kalkulieren, Organisieren, Steuern   Thomas Sießegger
© Vincentz Network GmbH & Co. KG, Hannover 2009 • ISBN: 978-3-86630-079-8

Berechnung der Quoten anhand eines Beispiels

		Variante A: Bezug auf die gesamte Zahl der Tage pro Jahr			Variante B: Bezug auf die bezahlten Arbeitstage		
X	Zahl der Tage pro Jahr	365 Tage		= 100,00%	365,00 Tage		
	./. abzüglich: Wochenenden =	104,00 Tage			104,00 Tage		
	./. abzüglich: Anzahl Feiertage =	7,00 Tage			7,00 Tage		
A	= bezahlte Arbeitstage	254,00 Tage	= 1.955,80 Std.	= 69,6%	254,00 Tage	= 1.955,80 Std.	= 100,0%
	./. abzüglich: Urlaub =	30,00 Tage	= 231,00 Std.	= 8,2%	30,00 Tage	= 231,00 Std.	= 11,8%
	./. abzüglich gesundheitsbedinge Ausfälle =	18,52 Tage	= 142,60 Std.	= 5,1%	18,52 Tage	= 142,60 Std.	= 7,3%
B	= Anwesenheitszeit	205,48 Tage	= 1.582,20 Std.	= 56,3%	205,48 Tage	= 1.582,20 Std.	= 80,9%
	./. abzüglich: Organisationszeiten =		= 132,45 Std.			= 132,45 Std.	
C	= Anwesenheitszeit		= 1.449,75 Std.			= 1.449,75 Std.	
	./. abzüglich: Fahrt- und Wegezeiten:		= 273,40 Std.			= 273,40 Std.	
D	= Netto-Pflege-Zeit		= 1.176,35 Std.			= 1.176,35 Std.	

Umrechnung der Tage erfolgt bei 38,5 Std./Wo. mit 7,70 Std. pro Tag

b) Sinnvoller wäre eigentlich der Begriff **„Gesundheitsbedingte Ausfallquote"**, da z. B. auch Schwangerschaft, Kuren und Rehabilitations-Maßnahmen meist bei der Krankheitsquote mitgezählt werden, wobei Schwangerschaft nun mal keine Krankheit ist.

c) Gemessen werden sollten nur die Tage, die **in die Lohnfortzahlung des Arbeitgebers** fallen, d. h.

– Mitarbeiter, die über die betriebliche Lohnfortzahlung hinaus krank sind, zählen nicht, da deren Lohnfortzahlung die Krankenkassen übernehmen.
– bis zu 10 Tage pro Jahr (bei Krankheit des Kindes) fallen weg, da hier die Krankenkassen die Personalkosten übernehmen,

Diese Definitionen sind nicht allgemeingültig. Meines Erachtens macht es jedoch Sinn, sich in zwischenbetrieblichen Vergleichen auf **eine** einheitliche Definition zu einigen.

Variante B hat sich bei ambulanten Pflegediensten bewährt. Sie ist auch sinnvoller, da die Jahrestage keine verlässliche Bezugsgröße sind.

32.2. Maßnahmen zur Zufriedenheit der Mitarbeiter

Mitarbeiter möchten in Sicherheit arbeiten. Das schafft Zufriedenheit. Es ist in der Regel **nicht** so, dass die Mitarbeiter selbst entscheiden möchten und könnten, wie viel Zeit sie bei den einzelnen Patienten verbringen. Sie wünschen sich gesicherte, schriftlich fixierte Rahmenbedingungen, innerhalb derer sie sich dann bewegen dürfen. Deshalb ist vor allem die gut geplante, differenzierte EDV-gestützte Personal-Einsatz-Planung der Schlüssel zur Zufriedenheit der Mitarbeiter.

Checkliste, um die gesundheitsbedingten Ausfallzeiten durch Zufriedenheit der Mitarbeiter in den Griff zu bekommen

1. Alle Leistungen, Einsätze und Touren sollten exakt mit Minuten und Stunden hinterlegt sein und somit einen sicheren Handlungsrahmen für die Mitarbeiter bieten.

2. Legen Sie ggf. Richtzeiten fest für die Organisationszeiten: pro Tag, pro Mitarbeiter oder pro Tour. Allerdings sollten diese Orientierungszeiten a) individuell festgelegt werden – und b) sollten die Mitarbeiter von diesen begründet abweichen können; nur diese tatsächlichen Zeiten sollten Grundlage für die Arbeitszeitberechnung sein.

3. Ermitteln Sie die Arbeitszeiten der Mitarbeiter und führen Sie ständig einen SOLL-IST-Vergleich (= Kontrolle) durch: Wie weichen die absoluten Zeiten von der Planung ab und wie viel macht dies in Prozent ausgedrückt aus?

4. Geben Sie Rückmeldung: Führen Sie mit den Mitarbeitern Gespräche, wenn diese Abweichungen zu groß sind; nicht nur, wenn „zu viel" Zeit verbraucht wurde, auch wenn die Zeiten „nach unten" abweichen: Sie müssen auch sicherstellen, dass die Pflege nachhaltig und ggf. aktivierend durchgeführt wurde.

5. Führen Sie Mitarbeiter-Rückkehr-Gespräche. Nennen Sie diese nicht „Kranken-Rückkehr-Gespräche", dann wäre nämlich naheliegend, dass Sie nur an dem Arbeitsfaktor interessiert sind, nicht an dem Menschen und Mitarbeiter selbst.

6. Achten Sie darauf, dass die tatsächlichen Arbeitszeiten den Wunscharbeitszeiten der Mitarbeiter möglichst nahe kommen. Berücksichtigen Sie das schon bei der Einstellung: Wenn ein Bewerber zu bestimmten Tagen nicht arbeiten möchte/kann oder wenn lediglich eine maximale Stundenzahl möglich ist, dann überfordern Sie diese Mitarbeiter nicht oder stellen Sie sie gar nicht erst ein.

7. Lassen Sie sich über die Arbeitszeiten auch im Rahmen jährlicher Mitarbeitergespräche Rückmeldung geben: Wie zufrieden sind die Mitarbeiter inzwischen, was hat sich geändert?

8. Setzen Sie die Mitarbeiter nicht nur in einer Tour ein, wechseln Sie: Das tut den Mitarbeitern gut und auch den Patienten (entgegen den oft geäußerten spontanen subjektiven Rückmeldungen).

9. Ermitteln Sie auch die Quoten für die anderen Fehlzeiten: Organisationszeiten und Fahrt- und Wegezeiten. Diese Zeiten sind oft „Ausweichmöglichkeiten", wenn die Zeiten für die eigentliche Pflege nicht optimal geplant sind.

10. Berechnen Sie
    - die durchschnittliche Krankheitsdauer pro Fall,
    - wie viel Prozent der einzelnen Krankheitstage Montage und Freitage sind,
    - zu welchen Jahreszeiten Krankheitsquoten regelmäßig sinken oder steigen.

    Alle diese Auswertungen bringen Ihnen wichtige Erkenntnisse bei der Personal-Einsatz-Planung.

33. Wie werden Organisationszeiten konsequent erfasst?

80% der Kosten eines ambulanten Pflegedienstes sind Personalkosten. Personalkosten entstehen durch den Verbrauch von Arbeitszeit. Wenn es überhaupt eine bedeutsame Möglichkeit gibt, auf das Betriebsergebnis einzuwirken, geht dies über die Steuerung und die Kontrolle der verbrauchten Zeit der Pflegemitarbeiter.

Die Zusammensetzung von Arbeitszeit in der ambulanten Pflege			
+	SGB XI (weiter unterteilt in Pflegestufen – oder in Grundpflege und Hauswirtschaft)	ca. 50%	
+	SGB V	ca. 25%	
+	SGB XII	ca. 10%	
+	Privat	ca. 10%	
+	Trägerleistungen	ca. 5%	
D =	Reine Nettopflegezeit für die Patienten	100 %	ca. 67%
+	Fahrtzeiten bzw. Wegezeiten	+	ca. 25%
C =	**Einsatzzeit = Kalkulationsbasis**		
+	Koordinations- und Organisationszeiten	+	ca. 8%
B =	**Anwesenheitszeit**	=	100%
+	Erholungsurlaub		
+	Gesundheitsbedingte Ausfälle		
+	Externe Fort-/-Weiterbildung, Bildungsurlaub, Qualifizierung		
+	sonstige Ausfallzeiten		
A =	**Normale verienbare (Jahres-)Arbeitszeit**		

Um einen Pflegedienst effizienter zu gestalten, gilt es, Folgendes zu beachten:

a] Die Pflegezeit zu reduzieren, würde bedeuten, die subjektiv wahrgenommene Qualität für den Patienten zu beeinträchtigen. Außerdem sind durch die Pflegeversicherung und andere gesetzliche Grundlagen Rahmenbedingungen vorgegeben, welche die Pflegezeit als Variable nicht zulassen.

b] Die Fahrt- und Wegezeit ist nicht wesentlich zu beeinflussen. Einzig die Tourenplanung ist immer wieder daraufhin zu prüfen, ob die Abfolge der Einsätze der Mitarbeiter optimal ist. Aber ansonsten ist die Fahrt- und Wegezeit im Wesentlichen durch regionale Gegebenheiten geprägt (z. B. Berge, Stadtgebiet, Baustellen, dünne Besiedelung auf dem Land, Betreute-Wohnen-Einrichtung, Witterung usw.).

Kalkulieren, Organisieren, Steuern   Thomas Sießegger
© Vincentz Network GmbH & Co. KG, Hannover 2009 • ISBN: 978-3-86630-079-8

Diese Gegebenheiten sind idealerweise in der Vergütung der Hausbesuchspauschalen zu berücksichtigen.

c] Der einzig richtige Ansatzpunkt sind die Organisationszeiten.

Genau so, wie die Leistungen der Krankenversicherung dem Leistungsbereich SGB V zugeordnet werden, kann man sich vorstellen, die Organisationszeiten einzelnen Tätigkeiten zuzuordnen. Diese werden unter der Überschrift „Organisationszeiten" (z. B. mit mobilen Erfassungsgeräten) erfasst und können im Rahmen des Controlling ausgewertet werden.

Um mit den Organisationszeiten arbeiten zu können, sollten diese zunächst einmal definiert werden.

Checkliste: Definition von Organisationszeiten
(zur Abgrenzung von den Fahrt- und Wegezeiten und den Pflegezeiten)

Die Anwesenheitszeit der Pflegemitarbeiter setzt sich zusammen aus
- Pflegezeit,
- Fahrt- und Wegezeit,
- Organisationszeiten.

Zu den Organisationszeiten zählen folgende Tätigkeiten:

» Absprachen der Mitarbeiter untereinander über Einsätze bei gemeinsamen Patienten,
» Autopflege,
» Besprechungen mit der Leitung des Pflegedienstes, Verwaltungskraft oder der Geschäftsführung,
» Betriebsratstätigkeiten,
» Vorbereiten der Pflegedokumentation für neue Patienten,
» Dienstbesprechungen, Dienstberatungen, Teambesprechungen,
» Durchführung von Qualitätszirkeln,
» Einsehen und Klären der Dienstpläne,
» Erfassen der Tagesberichte oder sonstiger Zeiterfassungen,
» Fahrten, um die Autos zur Reparatur zu bringen,
» interne Fortbildungen,
» Organisation von Festen und Geburtstagen der Patienten,

» Schlüsselübergabe,

» Tanken von Pkw,

» Vor- und Nachbereitung der Einsätze in der Station oder zu Hause,

» Arztbesuche (diese Tätigkeiten oder Leistungen könnten auch als nicht abrechenbare „Serviceleistungen" definiert werden – oder sie werden zu abrechenbaren Privatzahlerleistungen gemacht),

» Besorgen von Verordnung und Medikamenten (diese Tätigkeiten oder Leistungen könnten auch als nicht abrechenbare „Serviceleistungen" definiert werden – oder sie werden zu abrechenbaren Privatzahlerleistungen gemacht).

Die Beispielauflistung kann nicht erschöpfend sein, da mit einer detaillierten Auflistung auch bestimmte Tätigkeiten ausgegrenzt werden könnten. Deshalb sollte jeder einzelne Pflegedienst für sich selbst eine detaillierte Definition der Organisationszeiten erstellen. Man könnte aber die Organisationszeiten alternativ definieren:
Organisationszeiten sind bezahlte Arbeitszeit ohne die Fahrt- und Wegezeiten und ohne die Pflegezeit.

Anhaltswerte

» Für Fahrt- und Wegezeiten: ca. 25%, aber sehr stark von regionalen Gegebenheiten abhängig
(differenziert bedeutet das für Pflegefachkräfte 25% bis über 50% Fahrt- und Wegezeiten, für andere Pflegekräfte ca. 10%–20% Fahrt- und Wegezeiten)

» Für Organisationszeiten: ca. 8%–10% als Zielgröße (auch hier sollte wiederum nach Berufsgruppen unterschieden werden;
a) Werte, die darüber liegen, bedeuten ein Kostenproblem,
b) Werte, die darunter liegen zeigen die Gefahr an, dass Informationen ungenügend ausgetauscht werden oder dass es „auf Kosten der (privaten) Zeit der Mitarbeiter" geht, was wiederum zu Unzufriedenheit führen würde.

34. Wie können Organisationszeiten beeinflusst werden?

Checkliste zur Optimierung von Organisationszeiten

» Prüfen, ob alle Mitarbeiter zu den Dienstbesprechungen kommen müssen.

» Arbeitsverträge über z. B. 31 Std./Woche sind besser als über 19 Std./Woche, da anteilig weniger Organisationszeiten anfallen.

» Wie oft sollen/müssen/dürfen Mitarbeiter in die Station kommen? Hier bedarf es einer Regelung mit jedem einzelnen Mitarbeiter.

» Ständiges Überprüfen der Übergabe der Schlüssel der Patienten. Wenn mehr Schlüsselkopien vorhanden sind, lassen sich Zeiten einsparen.

» Festlegen, wie viel Organisationszeit einem Mitarbeiter „zusteht" bzw. wie viel er aufschreiben darf.

» Training von Kostenbewusstsein und Verantwortung der Mitarbeiter, bewusst mit dem Kostenfaktor „Zeit" umzugehen.

» Zentrale Organisation des Tanken und Waschens von PKWs.

Allerdings müssen diese Maßnahmen auch tatsächlich zu einer Realisierung von Einspareffekten führen.

Beispiel: Die bisherige Quote von 20% Organisationszeit soll durch geeignete Maßnahmen auf 10% reduziert werden. Das bedeutet konsequenterweise einen Abbau der Stunden um 10% und eine entsprechende Kostenreduzierung. Das heißt, normalerweise könnte das Polster der evtl. Über-/Mehrstunden abgebaut werden und anschließend die Stundenzahl reduziert werden (oder es könnten in der gleichen Arbeitszeit mehr Patienten versorgt werden und eine bessere Kostenauslastung erreicht werden).

Was nicht passieren darf ist, dass in gleichem Umfang der Einsparungen die Pflegezeiten oder Fahrt- und Wegezeiten (unkontrolliert) ansteigen. Leider passiert das in der Praxis oft, da die Mitarbeiter meist (unbewusst) einen Drang haben, „auf ihre gewohnte Arbeitszeit" zu kommen. Allerdings: Dort, wo es (scheinbar) keine Einsparmöglichkeiten gibt, müsste an den Zeiten für die Pflege gekürzt werden. Das darf aber nicht sein (es sei denn, die vorgese-

Kalkulieren, Organisieren, Steuern   Thomas Sießegger
© Vincentz Network GmbH & Co. KG, Hannover 2009 • ISBN: 978-3-86630-079-8

henen Zeiten übersteigen den wirklichen Bedarf). Die Optimierung der Organisationszeiten ist letzten Endes ein Resultat von stringenten Vorgaben und einer optimalen Personal-Einsatz-Planung.

35. Welchen Nutzen bringen „gemischte" Hausbesuche?

Einsätze sind dann effizient, wenn Synergieeffekte genutzt werden können. Diese entstehen z. B. wenn bei einem Hausbesuch folgende Tätigkeiten nur einmal ausgeführt werden müssen: Begrüßen, Ausziehen des Patienten, Anziehen des Patienten, Dokumentation, Verabschiedung des Patienten. Prinzipiell sind diese Verrichtungen in den Vergütungen im SGB V und im SGB XI enthalten. Sie führen zu Synergieeffekten, wenn die Leistungen gemeinsam erbracht werden.

Meine Beratungserfahrung zeigt, dass ein Pflegedienst tendenziell „im Plus" arbeitet, wenn mehr als 25% der Hausbesuche Leistungen aus unterschiedlichen Finanzierungsansprüchen enthalten.

Wichtig für die Beeinflussung dieser Kennzahl ist:

a) eine angemessene (tendenziell eher hohe) Pflegefachkraftquote, um sicherzustellen, dass alle Mitarbeiter die erforderliche Qualifikation haben, um alle Leistungen erbringen zu dürfen.

b) ein Netzwerk an Beziehungen zu Ärzten, Krankenhäusern, „Zulieferern" und anderen Entscheidern aufzubauen und zu pflegen. Sie sollten im Rahmen Ihrer Möglichkeiten darauf hinwirken, entweder Verordnungen zu erhalten oder bei der Einstufung zu den Pflegestufen Einfluss zu nehmen.

Mögliche Maßnahmen:

- verstärkte Akquise bei Ärzten,

- verstärkte Öffentlichkeitsarbeit in Gremien, Arbeitskreisen, ehrenamtlichen Engagements, politische Mitwirkung usw.,

- sich selbst als Pflegedienstleitung persönlich mehr bekannt machen, z. B. durch Vorträge oder Ähnliches,

- am besten ist es, wenn Sie im Einzugsbereich des ambulanten Pflegedienstes bekannt sind und auch dort wohnen.

Hinweis: Ergänzend lesen Sie bitte auch Punkt 3 „Trick mit Hausbesuchszeitpauschale", S. 19

Kalkulieren, Organisieren, Steuern   Thomas Sießegger
© Vincentz Network GmbH & Co. KG, Hannover 2009 • ISBN: 978-3-86630-079-8

36. Welche Möglichkeiten gibt es zur Personalbedarfsermittlung und zur Personalsteuerung?

Ein Pflegedienst wird größer, es kommen neue Patienten hinzu – oder in einer „Flaute" fallen unerwartet Patienten weg.

Zwei Möglichkeiten, zwei Fragen:

1. Ab wann muss der Pflegedienst neues Personal anstellen - und in welchem Umfang?
2. Wie viele Stunden (pro Woche) können oder müssen mit Freizeit ausgeglichen werden oder an Über- bzw. Mehrstunden abgebaut werden?

Die Praxis sieht so aus, dass mit dem Ansteigen der Über- bzw. Mehrstunden bzw. mit dem Ansteigen der Lautstärke des Jammerns der Mitarbeiter die Notwendigkeit steigt, einen neuen Mitarbeiter einzustellen. Wegfallende Patienten (man könnte auch sagen Unterauslastung) werden zunächst mit einem Durchatmen der Mitarbeiter zur Kenntnis genommen (zusammen mit der Aussage, endlich mal zu den Dingen zu kommen, die man schon lange vorhatte). Dieses Verhalten ist kein geeigneter Gradmesser für Personalberechnungen oder -entscheidungen. Die nachfolgenden Ausführungen informieren über Grundlagen der Personalbedarfsermittlung.

36.1. Exakte Berechnung des Personalbedarfs: Voraussetzungen für die Berechnung bei Personalveränderungen

Wie wirkt es sich aus, wenn ein neuer Pflegekunde aufgenommen wird?
Wie wirkt sich sein Pflegebedarf theoretisch auf die zukünftige Personalzusammensetzung in Stunden bzw. in Stellen aus?

Voraussetzungen für die Berechnung von Personalveränderungen

» Eine Definition der kalkulatorischen Jahresarbeitszeit muss vorhanden sein.

» Erfahrungen, wie sich die Stunden einer Vollzeitkraft in Ihrem Pflegedienst zusammensetzen (aufgrund von Erfahrungen der Vergangenheit).

Kalkulieren, Organisieren, Steuern Thomas Sießegger
© Vincentz Network GmbH & Co. KG, Hannover 2009 · ISBN: 978-3-86630-079-8

Wichtig: Greifen Sie nicht (aus Ermangelung eigener Zahlen) auf diese hier genannten Beispielzahlen zurück.

» Das Vorhandensein und die Beschäftigung mit einem Stundenmodell bzw. mit Erkenntnissen, wie sich die Arbeitszeit der Mitarbeiter in der Vergangenheit zusammengesetzt hat (aufgrund von umfangreichen Zeiterfassungen).

Zusammensetzung der Jahresarbeitsstunden

anhand eines Beispiels (bezogen auf ein Jahr) für einen fiktiven Vollzeitmitarbeiter

	Modell		
	Fiktiver Vollzeitmitarbeiter***		
	in Tagen	in Stunden	
Tage pro Jahr	365,0 Tage	2.810,50 Std.	
– Tage an Wochenenden	104,0 Tage	800,80 Std.	
es verbleiben	261,0 Tage	2.009,70 Std.	
– durchschnittliche Anzahl der Feiertage, die nicht auf ein Wochenende fallen (abhängig vom Bundesland)	11,00 Tage	84,70 Std.	
A = Normale vereinbarte (Jahres-)Arbeitszeit	250,0 Tage	1.925,00 Std.	A
– Erholungsurlaub	30,0 Tage	231,00 Std.	
– Gesundheitsbedingte Ausfälle*	14,9 Tage	114,73 Std.	
– Externe Fort-/Weiterbildung, Bildungsurlaub, Qualifizierung	1,2 Tage	9,24 Std.	
– sonstige Ausfallzeiten**	0,4 Tage	3,08 Std.	
B = Anwesenheitszeit	203,5 Tage	1.566,95 Std.	B
– Koordinations- und Organisationszeiten/interne Fortbildung		125,4 Std.	
C = Einsatzzeit = Kalkulationsbasis		1.441,6 Std.	C
– Fahrtzeiten bzw. Wegezeiten		391,7 Std.	
D = Reine Nettopflegezeit für die Patienten		1.031,8 Std.	D
SGB XI****		594,7 Std.	
SGB V		342,7 Std.	
SGB XII		23,5 Std.	
Privat		67,5 Std.	
„nicht abr. Leistungen"		3,4 Std.	

Anmerkungen:
* Krankheit, Schwangerschaft, Reha-Mitarbeitermaßnahmen, Kuren, Krankheiten des Kindes
** Sonderurlaub bei Hochzeit, Todesfall, Umzug, Betriebsrat/MAV usw.
*** Vollzeit definiert als 38,5 Std./Woche (in den neuen Bundesländern: 40,0 Std./Woche)
**** hier wiederum noch eine weitere Differenzierung in Pflegestufen (oder in Pflege und in Hauswirtschaft)

Anmerkung: Eigentlich ist das Modell einer Vollzeitkraft obsolet, da man in der ambulanten Pflege gar keine Vollzeitkräfte gebrauchen kann.

» Die durchschnittliche Dauer (in exakten Minuten) und die Häufigkeit der Einsätze muss bei allen Patienten bekannt sein (Das sind die „Nettopflegezeiten D" bei den Patienten (also von „Haustür auf" bis „Haustür zu").

Alle anderen Zeiten wie zum Beispiel Fahrtzeiten und Organisationszeiten werden später automatisch mit einbezogen. Die Zahlen müssen realistisch sein! (Bitte keine Wunsch- oder Traumzeiten eintragen - die Gefahr hierfür ist erfahrungsgemäß sehr groß).

» Wenn Personal berechnet wird und eingestellt werden soll, sollte es sich bei den zusätzlichen Einsätzen um solche handeln, die voraussichtlich für einen längeren Zeitraum erbracht werden. Anders ausgedrückt: Nicht bei jedem neuen Patienten wird diese Berechnung erstellt.

» Natürlich müsste man in dem Modell noch differenzieren in mindestens zwei verschiedene Qualifikationen: Pflegefachkräfte und Pflegekräfte („Helferinnen").

36.2. Vorgehensweise für die Berechnung eines neuen Patienten

I. Bitte tragen Sie einmal ein, wie viele Stunden Sie für die
A-Stunden (vereinbarte Jahresarbeitszeit)
B-Stunden (Anwesenheitszeit der Mitarbeiter)
C-Stunden (Einsatzzeit der Mitarbeiter)
D-Stunden (Nettopflegezeit der Mitarbeiter)

II. In dem Feld „1 a" muss pro Patient eingetragen werden, wie lange in Minuten ein Einsatz dauern soll; in unserem Beispiel 56 Minuten.

III. In dem Feld „3" muss pro Patient eingetragen werden, wie oft die Einsätze pro Monat stattfinden sollen; in unserem Beispiel 31 Mal pro Monat.

IV. Gegebenenfalls müssen, wenn bei einem Patienten mehrere Einsätze pro Tag gemacht werden (mit wahrscheinlich unterschiedlichen Minutenwerten), die Schritte II und III mehrmals durchgeführt werden.

V. Alle weiteren Berechnungen inkl. den Textaussagen erscheinen bei Anwendung der Datei automatisch (und immer unter Berücksichtigung der Stunden in dem Modell).

VI. Abschließend werden alle Ergebnisdaten für alle Patienten in einer Liste gesammelt und addiert – und schon haben Sie die Gesamtanzahl der notwendigen Stellen berechnet.

Berechnung des notwendigen Personals für einen neuen (oder ausgefallenen) Patienten

Es sind nur die gelb hinterlegten Felder einzusetzen

			pro Monat	pro Woche
1 a	Der neue Patient hat einen **direkten** **Pflegeaufwand** von: **56** Minuten pro Tag	Daraus ergibt sich ein durchschnittlicher direkter monatlicher/wöchentlicher Pflegebedarf von: (dies entspricht den „D-Stunden")	28,93 Std.	**6,66 Std.**

2	Dies entspricht einem **Stundenumfang** von: **0,93** Stunden pro Tag	Folgende Annahmen liegen der Berechnung für eine Vollzeitstelle zugrunde:		durchschnittliche Zeiten …		

				pro Jahr	pro Monat	pro Woche
b	Bitte tragen Sie hier ein, wie oft der Patient pro Monat versorgt/gepflegt werden soll:	A = Jahresarbeitszeit:		1.925,0 Std.	160,4 Std.	36,92 Std. +92
		B = Anwesenheitszeit:	= 100 %	1.540,0 Std.	128,3 Std.	29,53 Std. +54
3	**31** mal pro Monat	C = Einsatzzeit:	= 85,7 %	1.320,0 Std.	110,0 Std.	25,32 Std. +32
		D = Reine „Netto"-Pflegezeit (= direkte Leistungen	= 64,9 %	1.000,0 Std.	83,3 Std.	**19,18 Std.**

			Stellen
4	**Weitere Annahmen:** 365 Tage pro Jahr 30,42 Tage pro Monat im Durchschnitt 52,14 Wochen pro Jahr im Durchschnitt 4,35 Wochen pro Monat im Durchschnitt	**Umrechnung** benötigter „Netto-"Pflegezeit in Vollzeitstellen (= Schritt „4"/"b") Fällt ein Patient aus – oder kommt ein neuer mit 56 Minuten pro Tag hinzu, der 31 mal pro Monat versorgt/gepflegt wird, so muss in der Personal-Einsatz-Planung folgende Stellenanzahl verändert werden:	**0,35 Stellen**

berechnet auf Basis der bezahlten Arbeitszeit (A)

Weitere Auswertungen: a) pro Tag

D   56 Min./Tag bedeuten: 0,93 Std./Tag direkte Netto-Pflegezeit
plus „Zuschlag" für die Fahrt- und Wegezeiten: + 0,30 Std./Tag
C   dies ergibt eine Einsatzzeit von: 1,23 Std./Tag durchschnittliche Einsatzzeit
plus „Zuschlag" für die Org.- u. Koord.zeiten: + 0,21 Std./Tag
B   dies ergibt eine Anwesenheitszeit von: 1,44 Std./Tag durchschnittliche Anwesenheitszeit
plus „Zuschlag" für Ausfallzeiten: + 0,36 Std./Tag
A   dies ergibt eine bezahlte Arbeitszeit von: 1,80 Std./Tag durchschnittliche Anwesenheitszeit

b) pro Monat

= 28,9 Std. Pflegezeit (D) pro Monat
= 9,3 Std. Fahrt-/Wegzeit
= 38,2 Std. Einsatzzeit (C) pro Monat
= 6,4 Std. Organisationszeit pro Monat
= 44,6 Std. Anwesenheitszeit (B) pro Monat
= 11,1 Std. Ausfallzeiten pro Monat
= 55,7 Std. bezahlte Arbeitszeit (A) pro Monat

c) pro Woche

= 6,7 Std. Pflegezeit (D) pro Woche
= 2,1 Std. Fahrt-/Wegzeit
= 8,8 Std. Einsatzzeit (C) pro Woche
= 1,5 Std. Organisationszeit pro Woche
= 10,3 Std. Anwesenheitszeit (B) pro Woche
= 2,6 Std. Ausfallzeiten pro Woche
= **12,8 Std. bez. Arbeitszeit (A) pro Woche = Std. lt. Arbeitsvertrag**

Diese Berechnungen finden Sie als kostenlosen Download unter www.siessegger.de/buch2009/downloads.htm

Wenn all dies befolgt wird, hat man mit dieser neuen Form der Berechnung eine neutrale solide Grundlage für eine Personal-Einsatz-Planung und für eine Personalbemessung.

Dieser Grundansatz kann auf alle Patienten des Pflegedienstes angewendet werden. Kommt ein neuer Patient hinzu, werden seine Daten erfasst:

»   wie lange dauert ein Hausbesuch?

»   wie oft in der Woche findet er statt?

So addieren sich die notwendigen Beschäftigungsverhältnisse zu einer Gesamtanzahl an Stunden.
Fallen Patienten aus, werden diese aus der Liste genommen.

Diese Berechnung kann nun pro Tour erfolgen.

Die folgenden Berechnungen finden Sie als kostenlosen Download unter www.siessegger.de/buch2009/downloads.htm

Kombination der Personalbedarfberechnung mit optimalen Arbeitszeitmodellen

Entsprechend den beschriebenen idealen Arbeitszeitmodellen werden von der errechneten Gesamtarbeitszeit immer 10% – 15% abgezogen, somit ist der Pflegedienst auf der sicheren Seite. Tatsächlich mehr geleistete Stunden der Mitarbeiter werden ausbezahlt.

Hinweis: Ergänzend lesen Sie bitte auch Punkt 27. „Flexible Arbeitszeitmodelle", S. 93

Personalbedarfsberechnung für den gesamten Pflegedienst

Grunddaten

Zeiterfassung

		pro Jahr	pro Monat	pro Woche	Zuschlag	Multiplikator
A = Jahres-Arbeitszeit:		2.000,00 Std.	166,67 Std.	38,36 Std.		
– Urlaub, Krankheit, sonst. Ausfallzeiten		340,00 Std.			+79,8%	1,798
B = Anwesenheitszeit:	100,0%	1.660,00 Std.	138,33 Std.	31,84 Std.	+49,3%	1,493
– Organisationszeiten	8,0%	132,80 Std.				
C = Einsatzzeit:	100,0%	1.527,20 Std.	127,27 Std.	29,29 Std.	+37,3%	1,373
– Fahrt- und Wegezeiten	25,0%	415,00 Std.				
D = „Netto"-Zeit beim Kunden:	72,8%	1.112,20 Std.	92,68 Std.	21,33 Std.		

Ein Vollarbeitsplatz = [38,50 Std.]

Weitere berechnete Annahmen:

365	Tage pro Jahr
30,42	Tage pro Monat im Durchschnitt
52,14	Wochen pro Jahr im Durchschnitt
4,35	Wochen pro Monat im Durchschnitt

Personalbedarfsberechnung

Tour 1

Nr.	Name des Patienten		Zeitbedarf (Nettopflegezeit) pro Tag in Min. u. Stunden (D)		Häufigkeit pro Woche	Stunden pro Woche				
						= Pflege-stunden (D)	= Einsatz-stunden (C)	= Anwesen-heitsstunden (B)	= vertägliche Stunden (A)	= Vollzeit-stellen
			in Minuten	in Stunden	Einsätze	in Stunden	in Stunden	in Stunden	in Stunden	in Stellen
1	Müller	früh	23 Min.	0,38 Std.	5 Eins.					
		mittags								
		abends								
Tour 1 gesamt			23 Min.	0,38 Std.	5 Eins.	1,92 Std.	2,63 Std.	2,86 Std.	3,45 Std.	0,09 Stellen

Auswertung der Personalbedarfsberechnung für den gesamten Pflegedienst

zusammen

	Zeitbedarf (Nettopflegezeit) pro Tag in Min. u. Stunden (D)		Häufigkeit pro Woche	Stunden pro Woche				
				= Pflege-stunden (D)	= Einsatz-stunden (C)	= Anwesen-heitsstunden (B)	= vertägliche Stunden (A)	= Vollzeit-stellen
	in Minuten	in Stunden	Einsätze	in Stunden	in Stunden	in Stunden	in Stunden	in Stellen
Tour 1	23 Min.	0,38 Std.	5 Eins.	1,92 Std.	2,63 Std.	2,86 Std.	3,45 Std.	0,09 Stellen
Tour 2								
Tour 3								
Tour 4								
Tour 5								
alle Touren zusammen	23 Min.	0,38 Std.	5 Eins.	1,92 Std.	2,63 Std.	2,86 Std.	3,45 Std.	0,09 Stellen

37. Wie können die IST-Stunden der Mitarbeiter an die Erträge angepasst werden?

Die Kosten im Griff haben

Wenn Sie die Kosten eines ambulanten Pflegedienstes im Griff haben wollen, müssen Sie diese steuern können.

1. Sie müssen wissen, welche Kosten steuerbar sind.

2. Sie müssen wissen, was den Hauptanteil der Kosten ausmacht, damit Sie sich nicht mit Nebensächlichkeiten aufhalten.

Kosten, die sich nicht steuern lassen, die also unabhängig von der Veränderung bezüglich der Anzahl der Patienten oder der Leistungen sind, nennt man fixe Kosten. Ist man in der Lage, die Kosten (im Extremfall von jetzt auf gleich) an die veränderte Ertragssituation anzupassen, spricht man von variablen Kosten.

In einem ambulanten Pflegedienst bestehen die Kosten ca. zu 80 % aus Personalkosten. Diese sind wiederum (wenn man sich an die Definitionen der Betriebswirtschaft hält) sprungfixe Kosten.

Das äußert sich in der Praxis folgendermaßen:

1. Die Anzahl der Patienten und/oder die Anzahl der Leistungen steigt.

2. Dies zwingt Sie im Laufe der Zeit, Über-/Mehrstunden bei den Pflegemitarbeitern zu registrieren. (Anmerkung: Oft ist es leider so, dass Über-/Mehrstunden nicht gesteuert werden, sondern als Resultat des täglichen Pflegens registriert werden.)

3. Im Laufe dieses Anstiegs der Über-/Mehrstunden kommt es zu Unzufriedenheit der Mitarbeiter. (Anmerkung: Manchmal scheint es so, als ob die Lautstärke des Jammerns der Gradmesser für die Entscheidung zur Einstellung von neuem Personal ist. Das ist aber nicht das Problem der Mitarbeiter, sondern der Leitung, welche die Entwicklung der Leistungen/Patienten zu wenig beobachtet und die Stunden der Mitarbeiter nicht steuert).

Kalkulieren, Organisieren, Steuern   Thomas Sießegger
© Vincentz Network GmbH & Co. KG, Hannover 2009 • ISBN: 978-3-86630-079-8

Fixe und variable Kosten

Umsatzerlöse,
Kosten
(in Mio. EUR)

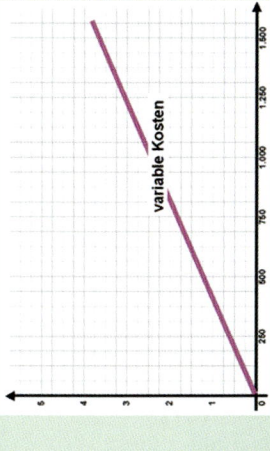

Ausbringung (Verkaufsmenge)

Umsatzerlöse,
Kosten
(in Mio. EUR)

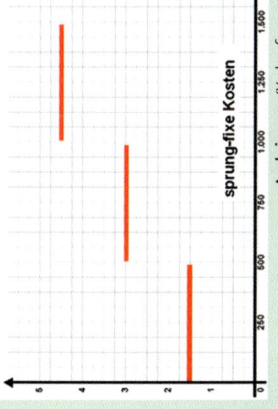

sprung-fixe Kosten

Ausbringung (Verkaufsmenge)

Umsatzerlöse,
Kosten
(in Mio. EUR)

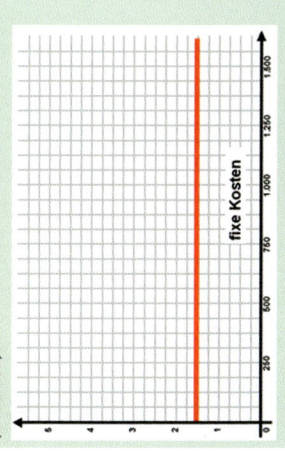

variable Kosten

Ausbringung (Verkaufsmenge)

Fixe Kosten entstehen dadurch, dass für die Erstellung der Dienstleistungen Kapazitäten zur Verfügung stehen; sie fallen mit Ablauf der Zeit an – und sind unabhängig von der Ausbringung. Sie fallen an, ob wenig produziert wird oder sehr viel. Kurz: Sie werden durch die Betriebsbereitschaft verursacht (beschäftigungsunabhängige, indirekte, zeitabhängige Kosten).

Die sprungfixen Kosten entstehen dadurch, dass für die Erstellung der Dienstleistungen neue Kapazitäten immer ab einer bestimmten Ausbringung zusätzlich zur Verfügung gestellt werden müssen; die Kosten sind nicht teilbar; sie fallen innerhalb bestimmter Grenzen mit Ablauf der Zeit an – und innerhalb dieser Grenzen unabhängig von der Ausbringung.

Die variablen Kosten sind leistungsabhängig, entstehen also in Abhängigkeit von der Ausbringung oder der Auslastung (beschäftigungsabhängige, direkte, proportionale Kosten, Grenzkosten).

Beispiele:
* Miete oder Pacht
* Grundgebühr Telefon
* Vorhalten der Buchhaltung
* in gewisser Weise sogar der Benzinverbrauch

Beispiele:
* Personalkosten der Mitarbeiter mit festem Stundenumfang
* Versicherungsprämien für Dienst-PKW

Beispiele:
* Gebühreneinheiten Telefon
* Verbrauchsmaterialien, z.B. Windeln oder Salben
* Honorarkräfte
* grundsätzlich auszuzahlende Über-/Mehrstunden der Mitarbeiter

133

4. Die Über-/Mehrstunden sollen behoben werden durch die Neueinstellung eines Mitarbeiters – die Kosten steigen monatlich sprunghaft auf ein höheres Niveau, das heißt, es handelt sich meist um sogenannte sprungfixe Kosten. Personalkosten sind eine Sonderform der fixen Kosten.

5. Eigentlich müsste es jetzt zu einem Abbau der Über-/Mehrstunden kommen, da durch die Neuanstellung in der Regel mehr Stunden pro Woche zur Verfügung stehen als wöchentlich an Über-/Mehrstunden angefallen sind.

Der grundsätzliche Zusammenhang:
Wenn die Kosten sich nicht in gleicher Richtung **und** in gleicher Stärke im Zusammenhang mit einer Veränderung der Leistungen ändern, gibt es Defizite in der Steuerung. Insbesondere dann, wenn wie in der Praxis die Kosten (bedingt durch zunehmende Stunden) steigen, wenn die Anzahl der Patienten oder Leistungen zunimmt – aber andererseits die Stunden (und damit die Kosten) nicht in gleichem Maße sinken wie die Erlöse (bei abnehmender Patienten- oder Leistungszahl).

Idealerweise gibt es einen direkten Zusammenhang bei der Entwicklung der Stunden mit den Erträgen. Man kann dies mit der statistischen Größe der Korrelation messen.

Fixe und sprungfixe Kosten zu variablen Kosten zu machen ist Ihre Aufgabe im Rahmen der Personal-Einsatz-Planung. Die Geschäftsführung müsste jedoch die Rahmenbedingungen schaffen, um geeignete Arbeitszeitmodelle zu installieren. Variable Kosten tragen damit zur Risikominimierung innerhalb eines ambulanten Pflegedienstes bei. Zu lösen ist das Problem nur durch die entsprechende Kenntnis der Pflegedienstleitung über die verschiedenen Formen von Kosten – und durch ihre strikten Vorgaben und die Steuerung im Rahmen der kontinuierlichen Gestaltung der Personal-Einsatz-Planung. Weiterhin müssen entsprechende Arbeitsverträge eingeführt worden sein, um die Kosten flexibel nach unten und nach oben gestalten zu können.

Hinweis: Ergänzend zu dieser Fragestellung lesen Sie bitte auch:
Punkt 38. „Wie gut ist Ihre Personal-Einsatz-Planung? Die Korrelation von Pflegeerträgen und den IST-Stunden zeigt Ihre Stärken oder Ihre Entwicklungsmöglichkeiten", S. 137
Punkt 36. „Welche Möglichkeiten gibt es zur Personalbedarfsermittlung und zur Personalsteuerung?", S. 126

Gegenüberstellung von Ertägen (aus der Pflege) und den IST-Arbeitsstunden der Mitarbeiter

Beispiel:

	Januar	Februar	März	April	Mai	Juni	Juli	August	September	Oktober	November	Dezember	Gesamt
Arbeits-stunden	2.103 Std.	1.923 Std.	2.234 Std.	2.372 Std.	2.278 Std.	2.436 Std.	2.292 Std.	2.234 Std.	2.128 Std.	2.329 Std.			
Erträge Pflege	76.594 €	72.134 €	80.293 €	82.123 €	81.202 €	84.920 €	82.103 €	79.293 €	74.832 €	77.473 €			790.967 €

Korrellation = + 0,97 für die Monate Januar bis Oktober

Entwicklung der Erträge aus Pflege

Entwicklung der Arbeitsstunden der Pflege-Mitarbeiter

135

Ein (Negativ-)Beispiel für die Realität von fixen Kosten ist das „Phänomen der immer gleichen Tour" (das Phänomen der immer gleichen Tour wurde erstmals beschrieben von Herrn Andreas Heiber. Es zeigt sich bei meinen Beratungen aber immer wieder, dass es noch sehr verbreitet ist, zumindest dann, wenn die Pflegedienstleitung nicht genügend in die Gestaltung der Touren eingreift).

Eine Mitarbeiterin versorgt normalerweise 10 Patienten in der Zeit von 7:00 Uhr bis 11:00 Uhr.

» Der Montag läuft wie geplant, sie kommt um ca. 11:00 Uhr in die Station zurück.

» Am Dienstag ist eine Patientin (innerhalb der Tour) im Krankenhaus und muss nicht besucht werden, trotzdem kommt die Mitarbeiterin um ca. 11:00 Uhr in die Station zurück.

» Am Mittwoch ist die Patientin immer noch im Krankenhaus und muss nicht besucht werden, trotzdem kommt die Mitarbeiterin um ca. 11:00 Uhr in die Station zurück.

» Am Donnerstag ist die Patientin wieder zu versorgen, die Mitarbeiterin kommt um ca. 11:00 Uhr in die Station zurück.

» Am Freitag ist eine Kollegin krank und es werden ihre 10 Patienten auf die anderen 5 Touren verteilt. Unsere Mitarbeiterin hat nun also 12 Patienten in ihrer Tour zu versorgen. Trotzdem ist sie um 11:00 Uhr in der Station. Wäre sie ansonsten am Freitag gar schon um 10:30 Uhr in der Station gewesen?

Das Problem der fixen Kosten stellt sich also bei Auslastungsschwankungen – und die gibt es zur Genüge bei ambulanten Pflegediensten.

Die fixen Kosten zu variablen zu machen ist eines der obersten Ziele einer Pflegedienstleitung, wenn sie betriebswirtschaftlich denkt.

Hinweis: Ergänzend lesen Sie bitte auch Punkt 27. „Was ist das beste flexible Arbeitszeitmodell, um eine wirtschaftliche Personal-Einsatz-Planung zu gewährleisten?", S. 93

38. Wie gut ist Ihre Personal-Einsatz-Planung? Die Korrelation von Pflegeerträgen und den IST-Stunden zeigt Ihre Stärken oder Ihre Entwicklungsmöglichkeiten

38.1. Was ist die Korrelation?

Wenn die Kosten sich nicht in gleicher Richtung und in gleicher Stärke im Zusammenhang mit einer Veränderung der Leistungen ändern, gibt es Defizite in der Steuerung. Insbesondere dann, wenn, wie oft in der Praxis, die Kosten (bedingt durch zunehmende Stunden) steigen, dadurch dass die Anzahl der Patienten oder Leistungen zunimmt – aber andererseits die Stunden (und damit die Kosten) nicht in gleichem Maße sinken wie die Erlöse (bei abnehmender Patienten- oder Leistungszahl).

Idealerweise stimmt also die Entwicklung der Erträge mit der Entwicklung der Stunden überein. Die Stunden der Mitarbeiter bestimmen wiederum die Entwicklung der Kosten. Man kann diesen Zusammenhang mit der statistischen Größe der Korrelation messen.

> **Korrelation:** Der Wert kann zwischen –1,00 und +1,00 liegen. Wenn der Wert bei –1,00 ist, bedeutet das, die Erlöse verhalten sich umgekehrt wie die Entwicklung der Stunden. Das kann und sollte eigentlich nicht sein. Wenn der Wert = 0,00 ist, bedeutet dies, dass es keinen Zusammenhang gibt zwischen der Entwicklung der Erlöse und der Stunden. Das wäre eine schlechte Bewertung für eine Pflegedienstleitung.
> Je näher der Wert gegen +1,00 geht, desto besser. Der Wert von +1,00 bedeutet eine perfekte Steuerung der Stunden. Diese entwickeln sich in die gleiche Richtung und in der gleichen Intensität wie die Erlöse. Optisch ist dies am Gleichlauf der Kurven ersichtlich.
> Für die Analyse „Korrelation" verwendet man am besten die D-Std., also die Netto-Pflege-Stunden.

137

Kalkulieren, Organisieren, Steuern   Thomas Sießegger
© Vincentz Network GmbH & Co. KG, Hannover 2009 • ISBN: 978-3-86630-079-8

Berechnung des Zusammenhangs der Entwicklung der Arbeitsstunden mit den Erträgen (=Korrelation)

	Jan	Feb	Mrz	Apr	Mai	Jun	Jul	Aug	Sep	Okt	Nov	Dez
Geleistete Stunden*	1.920 Std.	1.934 Std.	1.829 Std.	1.782 Std.	1.800 Std.	1.900 Std.	1.812 Std.	1.902 Std.	1.892 Std.	1.892 Std.	1.892 Std.	1.928 Std.
Erträge**	77.356 €	78.123 €	74.538 €	73.462 €	73.654 €	78.291 €	77.982 €	78.392 €	78.202 €	78.200 €	78.354 €	79.483 €
Korrelation =	+ 0,82						gewünschte Korrelation =		+ 0,90			

Graphische Paralleldarstellung (idealerweise müssten die Kurven parallel verlaufen)

Entwicklung der in Rechnung gestellten Erträge

Entwicklung der geleisteten Arbeits-(D)Stunden

138 Kalkulieren, Organisieren, Steuern

Nebenstehende Berechnungen finden Sie als kostenlosen Download unter
www.siessegger.de/buch2009/downloads.htm

Checkliste

Nutzen Sie bitte die Datei, tragen die letzten 12 Monate ein, und Sie werden sehen, wo es Verbesserungspotentiale gibt.

Die Abweichungen von der Ideallinie führen Sie zu folgenden Fragen:

1. Haben Sie bei allen Leistungen exakte Zeitwerte hinterlegt?
2. Geben Sie exakte Pläne im Vorfeld aus?
3. Kontrollieren Sie die täglichen Abweichungen Ihrer Mitarbeiter vom Plan?
4. Besprechen Sie die Abweichungen und berücksichtigen Sie das Ergebnis in der neuen Planung?
5. Haben Sie die Möglichkeit zu flexiblen wirtschaftlichen Arbeitszeitmodellen?

Hinweis: Ergänzend lesen Sie bitte auch Punkt 27. „Was ist das beste flexible Arbeitszeitmodell, um eine wirtschaftliche Personal-Einsatz-Planung zu gewährleisten?", S. 93.

39. Welche Schlüssel gibt es für die Verteilung von Kosten im Rahmen der Kostenstellenrechnung?

Eine einfache Form der Kostenstellenrechnung

Die Anforderungen der Pflegebuchführungsverordnung (PBV) müssen von Pflegediensten erfüllt werden. Als ein Ergebnis (unter anderen Anforderungen) muss der Pflegedienst in der Lage sein, Kosten und Erlöse auf Kostenstellen zu verteilen. Zum 1. Juli 2008 gab es zwar eine neue Regelung, die PBV wurde grundsätzlich abgeschafft:

> ... aus dem Pflege-Weiterentwicklungsgesetz:
> „(7) Der Spitzenverband Bund der Pflegekassen und die Vereinigungen der Träger der Pflegeeinrichtungen **auf Bundesebene vereinbaren gemeinsam und einheitlich Grundsätze ordnungsgemäßer Pflegebuchführung für die ambulanten und stationären Pflegeeinrichtungen**. Die Vereinbarung nach Satz 1 ist den zugelassenen Pflegeeinrichtungen durch die Landesverbände der Pflegekassen bekannt zu geben. Sie ist für alle Pflegekassen und deren Verbände sowie für die zugelassenen Pflegeeinrichtungen nach Aufhebung der gemäß § 83 Abs. 1 Satz 1 Nr. 3 erlassenen Rechtsverordnung unmittelbar verbindlich."

Doch bis es soweit ist, gilt weiterhin die PBV. Außerdem ist zu erwarten, dass die Grundsätze ordnungsgemäßer Buchführung ähnliche (wenn nicht sogar weitergehende) Anforderungen stellen. Ein weiterer Grund für die Kostenstellentrennung ist der Versorgungsvertrag, der vorschreibt, dass Sie eine „selbständig wirtschaftende Einrichtung" führen gem. § 71 SGB XI. Abgesehen davon liegt es in Ihrem Eigeninteresse, über die Quellen Ihres Erfolges Bescheid zu wissen. Deshalb sollten auf jeden Fall Instrumente zur Analyse angewendet werden.

Nachfolgend ist das Grundschema einer richtigen Verteilung von Kosten auf Kostenstellen anhand eines Zahlenbeispiels in Kurzform dargestellt.

Kalkulieren, Organisieren, Steuern   Thomas Sießegger
© Vincentz Network GmbH & Co. KG, Hannover 2009 • ISBN: 978-3-86630-079-8

Erstellung einer einfachen Kostenstellenrechnung nur ein Beispiel: keine realen Zahlen

1. Festlegung der Schlüssel

Kostenarten	Verteilerschlüssel auf Basis	Hilfs-Kostenstelle Verwaltung Overhead	Hilfs-Kostenstelle Organisation + Fahrtzeiten	Kostenstelle SGB XI*	Kostenstelle SGB V	Kostenstelle SGB XII	Kostenstelle Privatzahler
Personalkosten Pflegefachkräfte	Anwesenheitszeit (B)	XXX	6.245 Std.	3.929 Std.	1.638 Std.	978 Std.	540 Std.
		XXX	46,8%	29,5%	12,3%	7,3%	4,1%
Personalkosten Pflegekräfte	Anwesenheitszeit (B)	XXX	1.435 Std.	1.966 Std.	121 Std.	123 Std.	176 Std.
		XXX	37,6%	51,5%	3,2%	3,2%	4,6%
	Anzahl Hausbesuche (oder Einsätze)	XXX	XXX	7.323 Hb.	10.292 Hb.	1.323 Hb.	1.214 Hb.
		XXX	XXX	36,3%	51,1%	6,6%	6,0%
Personalkosten Pflegedienstleitung	Diese Kosten werden zunächst 2 Hilfskostenstellen verteilt	XXX	XXX	XXX	XXX	XXX	XXX
		100%	XXX	XXX	XXX	XXX	XXX
Umlage, Regiekosten	Diese Kosten werden zunächst 2 Hilfskostenstellen verteilt	XXX	XXX	XXX	XXX	XXX	XXX
		100%	XXX	XXX	XXX	XXX	XXX
Sachkosten	Diese Kosten werden zunächst 2 Hilfskostenstellen verteilt	XXX	XXX	XXX	XXX	XXX	XXX
		100%	XXX	XXX	XXX	XXX	XXX
Zwischensummen		Summe 1	Summe 2	Summe 3	Summe 4	Summe 5	Summe 6

*nur für diese Kostenstelle ist die selbstständig wirtschaftende Einrichtung gem. § 71 Pflegeversicherung.

2. Festlegen der daraus resultierenden Kosten (in absoluten Zahlen)

Kostenarten	Bitte tragen Sie hier die Summen ein:	Hilfs-Kostenstelle Verwaltung Overhead	Hilfs-Kostenstelle Organisation + Fahrtzeiten	Kostenstelle SGB XI*	Kostenstelle SGB V	Kostenstelle SGB XII	Kostenstelle Privatzahler
Personalkosten Pflegefachkraft	350.000 €	XXX	46,8%	29,5%	12,3%	7,3%	4,1%
		0 €	163.972 €	103.163 €	43.008 €	25.679 €	14.179 €
Personalkosten Pflegekräfte	90.000 €	XXX	37,6%	51,5%	3,2%	3,2%	4,6%
		0 €	33.800 €	46.307 €	2.850 €	2.897 €	4.146 €
Personalkosten Pflegedienstleitung	35.000 €	100%	XXX	XXX	XXX	XXX	XXX
		35.000 €	0 €	0 €	0 €	0 €	0 €
Umlage, Regiekosten	20.000 €	100%	XXX	XXX	XXX	XXX	XXX
		20.000 €	0 €	0 €	0 €	0 €	0 €
Sachkosten	45.000 €	100%	XXX	XXX	XXX	XXX	XXX
		45.000 €	0 €	0 €	0 €	0 €	0 €
Zwischensummen		Summe 1	Summe 2	Summe 3	Summe 4	Summe 5	Summe 6
a)	540.000 €	100.000 €	197.772 €	149.469 €	45.858 €	28.576 €	18.324 €

= 297.772 € gesamt

3. Umbuchen der Hilfskosten- auf die Hauptkostenstellen

				SGB XI*	SGB V	SGB XII	Privatzahler
b)				7.323 Hb. 36,3% = 108.207 €	10.292 Hb. 51,1% = 152.078 €	1.323 Hb. 6,6% = 19.549 €	1.214 Hb. 6,0% = 17.938 €
				=	=	=	=
			Gesamtsummen Kosten:	SGB XI*	SBB V	SGB XII	Privatzahler
c)				257.676 €	197.936 €	48.125 €	36.263 €

4. Das Eintragen der Erlöse führt zum Ergebnis pro Kostenstelle

			Gesamtsummen Erlöse:	SGB XI*	SGB V	SGB XII	Privatzahler
			283.763 €	184.243 €	37.292 €	34.703 €
			Gesamtergebnis, differenziert nach Kostenstellen:	26.087 €	-13.693 €	-10.833 €	-1.560 €
			Gesamtergebnis:		+€		

39.1. Festlegung der Schlüssel zur Verteilung der Kosten auf Kostenstellen

In diesem Schritt sollen zunächst für alle Kostenarten Schlüsselgrößen (inkl. der dazugehörigen absoluten Werte) festgelegt werden. Dies bedarf

a) einer differenzierten Ermittlung der Arbeitszeiten der Pflegemitarbeiter und

b) einer Ermittlung der Anzahl der Aufteilung der Hausbesuche (oder auch Einsätze genannt).

Diese beiden Kriterien sind verursachungsgerecht und erfüllen somit die Anforderungen einer ordnungsgemäßen Buchführung (eine Aufteilung der Kosten nach den Erlösen wäre nach dem Kostentragfähigkeitsprinzip – und damit nicht PBV-konform).

Die PBV ließe zwar auch vorsichtige und wirklichkeitsnahe Schätzungen zu, aber diese orientieren sich **nicht** an den Erlösen.

Die in a) genannte Differenzierung erfolgt mindestens in:

– SGB XI-Zeiten
SGB V-Zeiten
SGB XII-Zeiten
Privatzahler-Zeiten

– Organisations- und Fahrtzeiten (in diesem Beispiel zusammengefasst – in der Praxis aber bitte besser voneinander trennen!)

39.2. Festlegen der daraus resultierenden Beträge (in absoluten Zahlen)

Im zweiten Schritt werden die gesamten Kosten der einzelnen Kostenarten angegeben. Eine Verteilung erfolgt auf Grundlage der in Schritt 1 festgelegten Schlüssel automatisch. Ein Teil der Pflegepersonalkosten (resultieren aus Organisations- und Fahrtzeiten) und die Kosten für Umlage, Regie- und Sachkosten werden zunächst auf die Hilfskostenstellen I und II verteilt.

39.3. Umbuchen der Hilfskosten- auf die Hauptkostenstellen

Ein Umbuchen der Summen der Hilfskostenstellen erfolgt auf der Basis der Anzahl der Hausbesuche (bzw. der Einsätze). Dabei errechnen sich die Zeilen: a) +b) = c)

39.4. Die Gegenüberstellung der Erlöse führt zum Ergebnis pro Kostenstelle

In einem letzten Schritt werden die Erlöse, die den Kostenstellen zugerechnet werden können, den Kosten gegenübergestellt; es ermittelt sich dann das Ergebnis der Kostenstelle (= jeweiliges Betriebsergebnis der Kostenstelle). Der Beispiel-Pflegedienst ist mit seinen Zahlen so angelegt, dass das Gesamtergebnis des Pflegedienstes = + 1 € ist, die Ergebnisse der Kostenstellen jedoch variieren. Das Verfahren für die Verteilung der Personalkosten sollte mindestens zweimal – getrennt nach Qualifikationen – durchgeführt werden, also einmal für

- » examinierte Pflegefachkräfte
- » und für Pflegekräfte.

Die Erlöse können dann insgesamt den jeweiligen Kostenstellen zugerechnet werden.

40. Warum sind die Hausbesuche als Kostenschlüssel für die Kostenstellenrechnung so bedeutsam?

Die richtige Erfassung und Auswertung von Hausbesuchen ist bedeutend im Rahmen der Kostenstellenrechnung

40.1. Kostenschlüssel für eine verursachungsgerechte Kostenverteilung

Die Verteilung der Erträge auf die Kostenstellen ist relativ einfach und erfolgt meist durch das Verwaltungs- und Abrechnungsprogramm mit der Schnittstelle zur Finanzbuchhaltung. Doch die Kosten eines ambulanten Pflegedienstes müssen auch in die gleichen Leistungsbereiche bzw. Kostenstellen verteilt werden, wenngleich es auch Einsätze gibt, die Leistungen aus unterschiedlichen Leistungsansprüchen – gleichzeitig – enthalten. Besonders interessant sind hier die „Mischeinsätze" aus SGB V und SGB XI.

Gemäß § 7 Satz 3 der PBV soll eine verursachungsgerechte Verteilung von Kosten stattfinden. Eine Orientierung an den Erträgen sollte nicht stattfinden, dies entspräche dem Kostentragfähigkeitsprinzip.

40.2. Die Zeit als Schlüssel

Ein wichtiger Aspekt bei den Personalkosten ist die verbrauchte Zeit der Pflegemitarbeiter. Diese verursacht die Kosten, also sollte sie als eine mögliche Grundlage für die Kostenverteilung verwendet werden.

Die Arbeitszeit der Pflegemitarbeiter setzt sich folgendermaßen zusammen:

145

Kalkulieren, Organisieren, Steuern   Thomas Sießegger
© Vincentz Network GmbH & Co. KG, Hannover 2009 • ISBN: 978-3-86630-079-8

			Mögliche Schlüssel zur Verteilung von Personalkosten		
A	=	Normale vereinbarte (Jahres-)Arbeitszeit			
	+	Erholungsurlaub			
	+	Gesundheitsbedingte Ausfälle			
	+	Externe Fort-/Weiterbildung, Bildungsurlaub, Qualifizierung			
	+	sonstige Ausfallzeiten	Alternative X		
B	=	Anwesenheitszeit	x_1%		
	+	Koordinations- u. Organisationszeiten			
C	=	Einsatzzeit = Kalkulationsbasis			
	+	Fahrtzeiten bzw. Wegezeiten	x_2%		Alternative Y
D	=	Reine Nettopflegezeit für die Patienten			y_1%
	+	SGB XI (weiter unterteilt in Pflegestufen – oder in Grundpflege und in Hauswirtschaft)	x_3%		
	+	SGB V	x_4%		y_2%
	+	SGB XII	x_5%		y_3%
	+	Privat	x_6%		y_4%
	+	Trägerleistungen	x_7%		y_5%

(möglicher Schlüssel X: $\sum x_n = 100\%$; mögl. Schlüssel Y: $\sum y_n = 100\%$)

Es gibt theoretisch zwei Möglichkeiten, die Zeiten als Schlüssel zur Verteilung der Kosten zu verwenden:

1. Wählt man Alternative Y, können alle Kosten direkt auf Basis der Nettopflegezeiten verteilt werden.

2. Wählt man Alternative X, bleibt ein „Rest" an Kosten „übrig", der nicht direkt verteilt werden kann, sondern auf einer Hilfskostenstelle zwischengebucht wird.

   Die restlichen Personalkosten werden dann (zusammen mit den Regie- und Sachkosten) im Verhältnis der Zusammensetzung der Hausbesuche verteilt werden.

Nur die Alternative 2 entspricht mehr dem Prinzip der Kostenverursachung. Begründung:

Reine SGB V-Hausbesuche sind i. d. R. zeitlich sehr kurz, SGB XI-Hausbesuche dagegen wesentlich länger. Dagegen sind die Fahrtzeiten und die Zeit für Organisation für beide Fälle in etwa gleich lang. Würde man die reine Nettopflegezeit (D) als Grundlage der Verteilung verwenden, wird das SGB XI zu hoch mit Kosten belastet, was nicht der wahren Kostenverursachung entspräche.

Das gleiche Argument gilt für Sachkosten und für Overheadkosten: Zeit und Kosten entstehen durch die Planung eines Einsatzes (Hausbesuch), nicht dadurch, wie lange man vor Ort in der Pflege tätig ist. Insofern ist die Anzahl der Fahrten oder auch die Anzahl der Hausbesuche der richtige Schlüssel, um diese Kosten zu verteilen.

40.3. Anzahl der Hausbesuche bzw. der Einsätze

Für die Verteilung der investiven Sachkosten gem. § 82 Abs. 2 SGB XI und für die Verteilung im Rahmen einer zweistufigen Kostenstellenrechnung benötigt ein Pflegedienst die Auswertung über die Verteilung der Hausbesuche (Hausbesuche werden teilweise auch Einsätze genannt). Die Wahl, welche Schlüssel angewendet werden können, ist manchmal auch abhängig vom eingesetzten EDV-Verwaltungs- und Abrechnungsprogramm im Pflegedienst. Nicht alle EDV-Programme können bei der Erfassung der Leistungen automatisch auswerten, ob die Hausbesuche solitär oder in Kombination mit anderen Leistungen durchgeführt worden sind. Insofern ist es nicht gewährleistet, dass alle Pflegedienste die gleichen Quellen als Grundlage für die Verteilung der Kosten heranziehen können.

Diese Möglichkeiten von Schlüsseln muss man sich gegebenenfalls durch eine händische (zeitliche befristete) Erfassung von den Mitarbeiter besorgen. Diese Stichprobe kann dann hochgerechnet werden.

Beispiel:

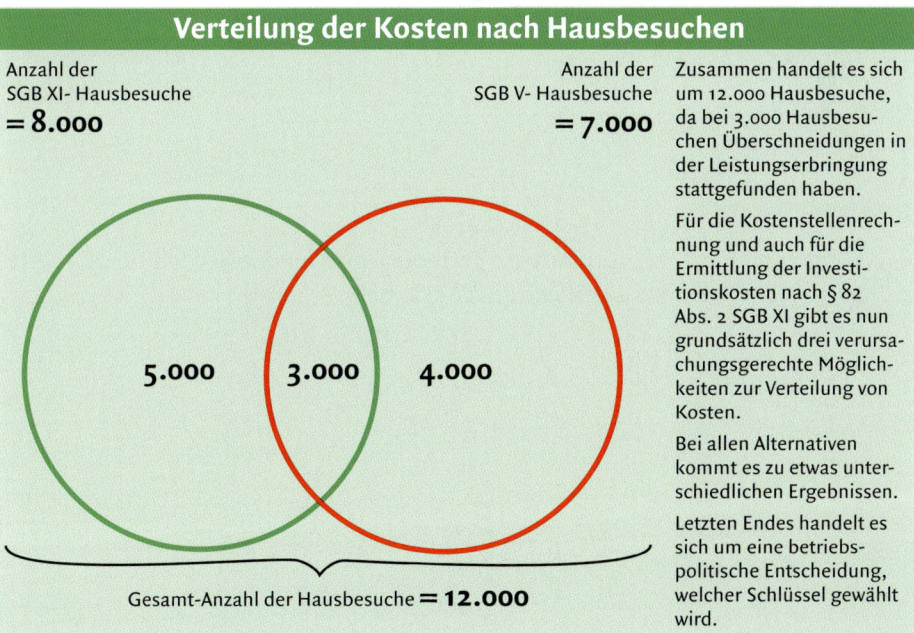

Verteilung der Kosten nach Hausbesuchen

Anzahl der SGB XI- Hausbesuche
= **8.000**

Anzahl der SGB V- Hausbesuche
= **7.000**

5.000   3.000   4.000

Gesamt-Anzahl der Hausbesuche = **12.000**

Zusammen handelt es sich um 12.000 Hausbesuche, da bei 3.000 Hausbesuchen Überschneidungen in der Leistungserbringung stattgefunden haben.

Für die Kostenstellenrechnung und auch für die Ermittlung der Investitionskosten nach § 82 Abs. 2 SGB XI gibt es nun grundsätzlich drei verursachungsgerechte Möglichkeiten zur Verteilung von Kosten.

Bei allen Alternativen kommt es zu etwas unterschiedlichen Ergebnissen.

Letzten Endes handelt es sich um eine betriebspolitische Entscheidung, welcher Schlüssel gewählt wird.

Verteilung der Kosten nach Hausbesuchen

3 verschiedene Varianten

1. Möglichkeit

Verteilung nach absoluten Zahlen inkl. der Überschneidungen

	SGB XI	SBG V	zusammen
Anzahl der Hausbesuche	8.000	7.000	15.000
… in Prozent	53,3%	46,7%	100,0%

Anmerkungen

Die Zahl von 15.000 ist in diesem Fall eine fiktive, denn es sind eigentlich nur 12.00 Hausbesuche. Sie dient lediglich der Ermittlung der Verteilung der 100% der Kosten.

2. Möglichkeit

Verteilung nach absoluten Zahlen der „reinen" Hausbesuche, ohne Überschneidungen

	SGB XI	SBG V	zusammen
Anzahl der Hausbesuche	5.000	4.000	9.000
… in Prozent	55,6%	44,4%	100,0%

Anmerkungen

Die Zahl von 9.000 Hausbesuchen ist auch hier eine fiktive Zahl, sie dient wiederum nur der Ermittlung der Verteilung der 100% der Kosten.

3. Möglichkeit

die „gemischten" Hausbesuche werden hälftig auf die beiden Leistungsbereiche verteilt

	SGB XI	SBG V	zusammen
Anzahl der Hausbesuche	5.000	4.000	9.000
+ hälftig die gemischten Hausbesuche	1.500	1.500	3.000
= Gesamtanzahl der Hausbesuche	6.500	5.500	12.000
… in Prozent	54,2%	45,8%	100,0%

Anmerkungen

Diese Methode entspricht am ehesten dem Prinzip der verursachungsgerechten Verteilung. Da aber Pflegedienste über 5 Leistungsbereiche verfügen, wäre eine Ermittlung (auch EDV-technisch) nicht möglich. Deshalb wird alternativ die Variante 1 vermutlich der Kostenverursachung am nächsten kommen.

Die genannten Schlüssel müssen getrennt angewendet werden für alle differenzierten Qualifikationen des Pflegedienstes.

41. Investitionskosten: Wie werden sie ermittelt?

41.1. Finanzierung der Investitionskosten gem. § 82 Abs. 2 SGB XI

Die Finanzierung der Kosten von Pflege erfolgt durch

» die Pflegekasse

» die Patienten oder deren Angehörige (= Selbstzahler im Rahmen des SGB XI),

» die Sozialhilfeträger (wenn die Anspruchsvoraussetzungen erfüllt sind),

» übrige Leistungsträger (z. B. Beihilfen).

Was unter Investitionskosten im Sinne der Pflegeversicherung zu verstehen ist, wird in § 82 Abs. 2 SGB XI beschrieben. Hauptsächlich handelt es sich um die Kosten der PKW, der EDV und der Miete.

Nur im SGB XI-Bereich sind die Investitionskosten getrennt zu berechnen, da die Vergütungen für SGB V-Leistungen und für die Leistungen nach dem SGB XII die Investitionskosten schon enthalten (monistische Finanzierung).

Bei der Pflegeversicherung handelt es sich also um die so genannte dualistische Finanzierung, bei der zwei Leistungsträger für die Finanzierung verantwortlich sind:

1. Die laufenden Kosten für Pflege werden von den Pflegekassen, den Selbstzahlern und den Sozialhilfeträgern übernommen,

2. die investiven Kosten „sollten" die Bundesländer übernehmen.

149

Kalkulieren, Organisieren, Steuern   Thomas Sießegger
© Vincentz Network GmbH & Co. KG, Hannover 2009 • ISBN: 978-3-86630-079-8

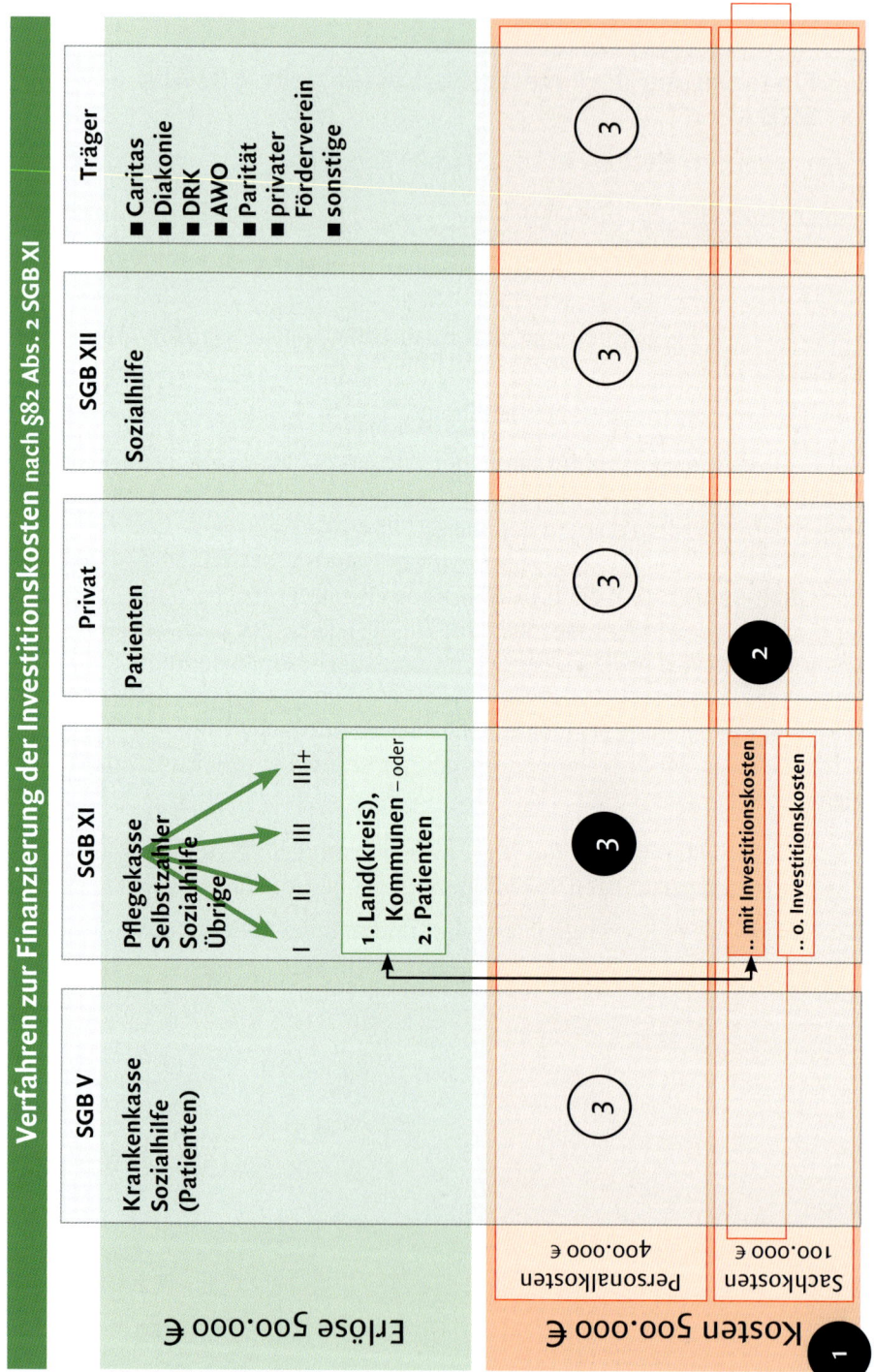

Verfahren zur Finanzierung der Investitionskosten nach §82 Abs. 2 SGB XI

SGB V	SGB XI	Privat	SGB XII	Träger
Krankenkasse Sozialhilfe (Patienten)	Pflegekasse Selbstzähler Sozialhilfe Übrige	Patienten	Sozialhilfe	Caritas / Diakonie / DRK / AWO / Parität / privater Förderverein / sonstige

I   II   III   III+

1. Land(kreis), Kommunen – oder
2. Patienten

Erlöse 500.000 €

Kosten 500.000 €

Personalkosten 400.000 €

Sachkosten 100.000 €

.. mit Investitionskosten

.. o. Investitionskosten

Vorgehensweise zur Ermittlung der Investitionskosten

1	In einem ersten Schritt werden die Personalkosten von den Sachkosten getrennt. Dies geschieht in der Praxis schon während des Jahres im Rahmen der Finanzbuchhaltung. Allerdings muss immer geprüft sein, ob nicht faktische Personalkosten (z. B. „Fremdleistungen Dritter") fälschlicherweise bei Sachkosten gebucht werden.
2	Schon während des Buchens sollte über hinterlegte Kennziffern eine Zuordnung zu investiven Sachkosten (im Sinne des § 82 Abs. 2 SGB XI) und zu anderen Sachkosten erfolgen. Dabei wird diese Trennung der Sachkosten im Sinne des § 82 Abs. 2 SGB XI auf alle Leistungsbereiche des Pflegedienstes verteilt, auch wenn für die Leistungsbereiche außerhalb des SGB XI diese Regelung gar nicht gilt. Grundlage für die Verteilung der Sachkosten kann die Verteilung der Hausbesuche auf die Leistungsbereiche sein.
3 ③	Dann werden in einem weiteren Schritt nur für den speziellen Leistungsbereich SGB XI die investiven Sachkosten „herausgerechnet", – um später eine Kalkulation durchzuführen: „Was sind die Kosten einer Einsatz-Stunde im SGB XI?" – um die Investitionskostenpauschale berechnen zu können, die man evtl. den Patienten oder den Sozialhilfeträgern gesondert in Rechnung stellen muss (siehe folgendes Kapitel). Dieser dritte Schritt ist nur relevant für den Bereich SGB XI, da die anderen Bereiche (③) monistisch finanziert werden, also die Investitionskosten schon enthalten.

42. Wie hoch müssten die Investitionskosten gem. § 82 Abs. 2 SGB XI sein, die an die Patienten weiter berechnet werden?

Die investiven Sachkosten müssen im Rahmen der Pflegeversicherung durch das Bundesland, die Landkreise – oder die Patienten getragen werden.

Diese Differenzierung folgt logisch der Tatsache, dass die Kosten der Pflegeversicherung dualistisch finanziert werden:

1. Die Pflegeleistungen durch die Pflegeversicherung, die Patienten und die Sozialhilfeträger einerseits – und

2. die notwendigen Investitionskosten andererseits durch das zugehörige Bundesland (und/oder wenn dieses Bundesland „nicht vollständig fördert": wiederum wird je nach Landesrecht eine teilweise Weiterberechnung möglich, oder wenn nicht gefördert wird, eine vollständige Berechnung an die Patienten oder die Sozialhilfeträger).

Damit ist die Finanzierung der Pflegeversicherung eine Ausnahme unter allen Leistungsbereichen eines ambulanten Pflegedienstes; diese Tatsache macht aber die Erfassung, Auswertung und die Steuerung des gesamten Pflegedienstes besonders kompliziert und aufwendig. Der ermittelte Betrag muss um die tatsächliche Investitionskostenförderung gekürzt werden:

> Investitionskosten gem. § 82 Abs. 2 SGB XI
> **– Zahlungen des Landes oder des Landkreises**
> = Restbetrag der Investitionskosten, der an Patienten (oder Sozialhilfeträger berechnet werden muss)

Sollte die Differenz nicht marginal sein (im Verhältnis zu den gesamten SGB XI-Investitionskosten) müsste diese Differenz den Patienten berechnet werden. Überzahlungen des Landes wären zurückzuzahlen. Es gibt hier Prüfvorbehalte, es erfolgt jedoch keine automatische Rückzahlung. Den Patienten werden diese „restlichen" Investitionskosten am sinnvollsten pro SGB XI-Hausbesuch in Rechnung gestellt. Die Regelungen sind jedoch in Bundesländern unterschiedlich, teilweise werden die Investitionskosten auch pro Tag oder anteilig den Punktwerten bezahlt.

Kalkulieren, Organisieren, Steuern   Thomas Sießegger
© Vincentz Network GmbH & Co. KG, Hannover 2009 • ISBN: 978-3-86630-079-8

Berechnung von Investitionskosten nach § 82 Abs. 2 SGB XI — Beispiel

	Beispiel
Alle Sachkosten insgesamt	100.000 €
... davon sind anteilige Sachkosten im Sinne des § 82 Abs. 2 SGB XI (für alle Leistungsbereiche)	60.000 €
Wie viele Stunden wurden im SGB XI gearbeitet/gepflegt?	2.000 Std.
Wie viele Stunden wurden für andere Leistungsbereiche [SGB V, SGB XII, Privat] erbracht?	1.500 Std.
Wie viele Hausbesuche wurden für SGB XI erbracht?	17.000 H.b.
Wie viele Hausbesuche wurden für SGB XI und SGB V [gleichzeitig] erbracht?	6.000 H.b.
Wie viele Hausbesuche wurden für andere Leistungsbereiche erbracht [ohne SGB XI]?	7.000 H.b.
Wie viele Hausbesuche wurden insgesamt erbracht?	30.000 H.b.

An tatsächlichen Investitionskosten gem. § 82 Abs. 2 SGB XI sind entstanden:

Aus dem Schlüssel 1 ergeben sich an Investitionskosten gem. § 82 Abs. 2 SGB XI von:	0 €
Aus dem Schlüssel 2 ergeben sich an Investitionskosten gem. § 82 Abs. 2 SGB XI von:	46.000 €
Insgesamt ergeben sich Investitionskosten gem. § 82 Abs. 2 SGB XI von	46.000 €

Es ergeben sich demgegenüber folgende Erlöse: — von insgesamt 60.000 €

Erlöse aus Investitionskostenerstattungen der Gemeinde, des Landkreises, des Bundeslandes oder anderer öffentlicher Förderung	0 €
Den Patienten bisher berechnete Investitionskosten	0 €
Den Sozialhilfeträgern berechnete Investitionskosten	0 €
Insgesamt ergeben sich Erlöse für Investitionskosten von	0 €

Wie möchten Sie die 60.000 € auf die verschiedenen Leistungsbereiche aufteilen?

1. Schlüssel = Verteilung der Netto-Pflegezeit (D)

SGB XI	andere Leistungen	Gesamt
2.000 Std.	1.500 Std.	3.500 Std.
57,1%	42,9%	100,0%

2. Schlüssel = Verteilung der Hausbesuche

SGB XI	SGB XI + SGB V	andere	Gesamt
17.000 H.b.	6.000 H.b.	7.000 H.b.	30.000 H.b.
56,7%	20,0%	23,3%	23,3%
76,7%			100,0%

Bitte wählen Sie einen Prozentsatz, wie Sie die Investitionskosten nach welchen Schlüsseln auf die Leistungsbereiche verteilen wollen. Sie sollten hierfür aber eine Begründung haben.

0%
100%

Es ergibt sich ein Überschuss an Kosten von — 46.000 €

Diese Kosten müssen nun auf die Anzahl der SGB XI-Hausbesuche verteilt werden:

46.000 € geteilt durch 23.000 Hausbesuche = 2,00 €

Dieser Betrag müsste eigentlich pro SGB XI-Hausbesuch den Patienten oder den Sozialhilfeträgern für Investitionskosten (zusätzlich) berechnet werden.

(Restbetrag der Investitionskosten) dividiert durch (Anzahl der Hausbesuche im SGB XI*)

= zu berechnende Investitionskosten-Hausbesuchspauschale
Diese darf nicht mit den 420,– € für Pflegestufe I, den 980,– € für Pflegestufe II oder den 1.470 € für Pflegestufe III verrechnet werden!

Die Berechnungen von Seite 153 finden Sie als kostenlosen Download unter www.siessegger.de/buch2009/downloads.htm

Anmerkung: Es dürfen den Sozialhilfeträgern nur Investitionskosten in Rechnung gestellt werden, wenn es eine vertragliche Vereinbarung mit den Sozialhilfeträgern gibt. Doch die Realität steht den dargestellten Berechnungen und der Intention des Gesetzgebers oftmals in Widersprüchen gegenüber:

1. Alle Bundesländer oder Landkreise zahlen (so wie es im Föderalismus üblich ist) uneinheitlich, nach unterschiedlichen Kriterien (nach Punkten, pauschal, prozentual an der sonstigen SGB XI-Leistungserbringung usw.)

2. In manchen Bundesländern werden die Investitionskosten gem. § 82 Abs. 2 SGB XI gar nicht mehr bezahlt, die Pflegedienste berechnen aber aus vermeintlichen Wettbewerbsgründen den Patienten (und den Sozialhilfeträgern) trotzdem nichts.

3. In anderen Bundesländern wiederum ist die Berechnung der Investitionskosten gegenüber den Patienten (und den Sozialhilfeträgern) vollkommen Normalität geworden.

Fest steht auf jeden Fall: uneinheitlich.
Hier kann es keine allgemeingültige Lösung geben.
Letzten Endes sollte es Ihnen als Pflegedienstleitung darum gehen, wie viel investive Sachkosten in den Bereich des SGB XI fallen, und welche Möglichkeiten und Alternativen es gibt, „an diese Kosten zu kommen".
Sie sollten über Ihre Kostenstruktur Bescheid wissen.

43. Wie wird richtig kalkuliert?

Für jeden Zweck eine andere Form der Kostenrechnung

Die Kalkulation ist im Rahmen der Kostenrechnung die so genannte Kostenträgerrechnung, genauer gesagt die Kostenträgerstückrechnung, mit anderen Worten: „Was kostet uns ein Stück in der Erstellung?" Die „Stücke" bei ambulanten Pflegediensten sind die Netto-Stunden, die beim Kunden „ankommen". Den Kunden interessiert nicht, was darum herum noch gemacht werden muss, also z. B. Dienstbesprechungen oder auch wie lange der Urlaub der Mitarbeiterinnen dauert. Auf der Leistungsstunde basieren dann die Berechnungen der Kosten der Leistungskomplexe, auch das sind „Stücke", die produziert werden. Die durchschnittlichen Minuten pro Leistungskomplex werden anteilig mit dem errechneten Stundensatz multipliziert.

Grundsätzlich gibt es mehrere Arten der Berechnung. Die Art und Weise der Kostenrechnung ist in ambulanten Pflegediensten aber nicht vorgeschrieben. Die Vorschriften besagen lediglich, dass das Prinzip der Kostenverursachung im Rahmen der Kostenstellenrechnung anzuwenden ist. Insofern sollte es die Intention des Pflegedienstes sein, seine eigenen Kosten im Rahmen der Kostenträgerrechnung möglichst so zu berechnen, wie es für interne Analysen sinnvoll ist.

43.1. Erste Möglichkeit, die prozentuale Zuschlagskalkulation

Zu jedem Stundensatz der Qualifikation wird prozentual der Anteil der Overheadkosten zugeschlagen. Durch diese Verfahrensweise werden die „teuren" Kräfte noch teurer, den „günstigen" Kräften wird nur ein kleiner Overheadanteil zugeschlagen, da prozentual berechnet wird. Insofern wird diese Form der Kalkulation, die in der Kostenrechnung bei anderen Betrieben theoretisch durchaus legitim und sinnvoll sein kann, bei ambulanten Pflegediensten nicht der tatsächlichen Kostenverursachung gerecht. Um es in einfachen Worten zu erklären: Wenn durch die PDL, die Geschäftsführung oder die Kraft in der Finanzbuchhaltung Leistungen im Overhead für die verschiedenen Qualifikationen erbracht werden, ist es unerheblich, um welche Qualifikation es sich handelt, es werden Ressourcen verbraucht. Die prozentuale Zuschlagskalulation ist nicht geeignet für die Berechnung der Kosten in der ambulanten Pflege.

Kalkulieren, Organisieren, Steuern   Thomas Sießegger
© Vincentz Network GmbH & Co. KG, Hannover 2009 • ISBN: 978-3-86630-079-8

43.2. Zuschlagskalkulation mit festen Zuschlagssätzen

Die folgenden Werte sind der Tabelle von S. 158 entnommen.
Basierend auf den gesamten Overheadkosten (= 276.180 €)
dividiert durch 18.412 Leistungsstunden
ergibt sich für jede Qualifikation ein fester Zuschlag von 15,00 €.

Auffallend ist, dass die „günstigen" Kräfte (z. B. Zivildienstleistende) besonders teuer erscheinen, da sie den gleichen (hohen) Zuschlag haben wie die Examinierten Pflegefachkräfte. Aber: Dieses Verfahren entspricht eher der Kostenverursachung. Die Zuschlagskalkulation mit festen Zuschlagssätzen ist die geeignete Methode, die hier zum Ansatz kommen soll.

43.3. Teilkosten-Berechnung

Ein dritter Aspekt ist die Betrachtung der einzelnen Teilelemente der Kalkulation. Den Erlösen werden nur die variablen Kosten gegenübergestellt. Es muss dann eigentlich ein „Rest" bleiben, der die Gemeinkosten deckt. Diesen „Rest" bezeichnet man als Deckungsbeitrag. Diese Berechnung lässt sich in mehreren Stufen durchführen.

Beispiel:
Die Personalkosten des Zivildienstleistenden betragen 9,00 €/Std.
Die „Overheadkosten" betragen 12,00 €/Std.,
zusammen also 21,00 €/Std.
Der Zivildienstleistende wird aber für 15 €/Std. „verkauft"

Wenn der Zivildienstleistende mehr als seine 9,00 € Personalkosten pro Stunde einbringt, deckt dieser Erlös zum Teil die Overheadkosten, die „so oder so" anfallen würden. Deshalb spricht man hier von der Deckungsbeitragsrechnung. Eine nicht vorhandene Kostendeckung – bezogen auf die Gesamtkosten – kann also betriebswirtschaftlich kurzfristig oder strategisch durchaus akzeptiert werden, wenn zumindest die Personalkosten durch die Erlöse gedeckt sind. Insgesamt muss es sich natürlich trotzdem „rechnen". Der Aspekt der Deckungsbeitragrechnung wird hier nicht weiter ausgeführt. Ausführliche Deckungsbeitragrechnungen mit Beschreibung und EXCEL-Downloads gibt es im Buch für Geschäftsführungen.

44. Was kostet eine Stunde einer Pflege- fachkraft, einer Helferin und die eines Zivildienstleistenden?

Anleitung zur Berechnung der Kosten pro Stunde:

1.) Übernehmen Sie aus einem vergangenen Jahr sämtliche Personalkos- ten

- sämtlicher Mitarbeiter, getrennt nach Qualifikationen, aber unab- hängig von Beschäftigungsverhältnissen

- inkl. der Korrekturen aus Rückstellungen für Über-/Mehrstunden oder Freizeitausgleich.

2.) Übertragen Sie die Ergebnisse der Stundenauswertungen aus dem glei- chen Jahr, in dem Sie die Personalkosten ermittelt haben. Verwenden Sie bitte die Einsatz-Stunden (= C-Stunden), in Bundesländern, wo Sie die Hausbesuchspauschalen nicht gesondert bezahlt bekommen, je- doch die D-Stunden (Netto-Pflege-Zeit).

3.) Nun tragen Sie bitte die Kosten für Verwaltung, Pflegedienstleitung, Ge- schäftsführung und Lohn- und Finanzbuchhaltung in das Raster ein.

4.) Trennen Sie die Sachkosten in einen

a) investiven Teil der Sachkosten (im Sinne des § 82 Abs. 2 SGB XI - und in

b) „nicht-investiven" Teil der Sachkosten.

Die EXCEL-Berechnung liefert Ihnen dann die differenzierten Ergebnisse.

Eine kostenlose EXCEL-Datei mit der Möglichkeit der Berechnung von A-, B-, C- oder D-Stundensätzen steht unter der Adresse www.siessegger.de/ buch2009/downloads.htm zur Verfügung.

157

Kalkulieren, Organisieren, Steuern   Thomas Sießegger
© Vincentz Network GmbH & Co. KG, Hannover 2009 • ISBN: 978-3-86630-079-8

Kalkulationsmodell für alle Einsatz-Std. (C)

= Grundlage für Vergütungsverhandlungen zur Berechnung der Preise für Leistungen und Hausbesuchspauschalen)

	differenziert für verschiedene Mitarbeitergruppen	Kalkulation der Kosten	Einsatzstunden (Pflegezeit + Fahrtzeit)	Kosten je Einsatz-Stunde
Pos.	Kostenpositionen	in Euro	in Std.	in Euro/Std.
1.	**Personalkosten der Mitarbeiter in der Pflege**			
1.1.	**Examinierte Pflegefachkräfte** (mit mind. 3-jähriger Ausbildung)	282.000 €	9.400 Std.	30,00 €
1.2.	**Pflegekräfte** (mit mind. 1-jähriger Ausbildung)	131.440 €	6.572 Std.	20,00 €
1.3.	**Un- und/oder angelernte Mitarbeiter** (in Pflege und/oder Hauswirtschaft)	31.935 €	2.129 Std.	15,00 €
1.4.	**Zivildienstleistende oder Mitarbeiter im FSJ**	3.110 €	311 Std.	10,00 €
1.5.	**Summe der Personalkosten Pflege** (1.1. bis 1.5.)	448.485 €	18.412 Std.	24,36 €
2.	**Overheadkosten für die Leitung und Verwaltung des Pflegedienstes**			
2.1.	Personalkosten Leitung des Pflegedienstes	65.805 €	18.412 Std.	3,57 €
2.2.	Personalkosten Regie (Verwaltung, Geschäftsführung usw.)	81.491 €	18.412 Std.	4,43 €
2.3.	**Summe der gesamten Regie- und Verwaltungskosten (2.1. bis 2.2.)**	147.296 €	18.412 Std.	8,00 €
3.	**Overhead-Sachkosten**			
3.1.	... andere Sachkosten ohne Investitionen (gem. § 82 Abs. 2 SGB XI)	72.947 €	18.412 Std.	3,96 €
3.2.	... Investitionskosten (gem. § 82 Abs. 2 SGB XI, aber für alle Leistungsbereiche)	55.937 €	18.412 Std.	3,04 €
3.3.	**Summe der gesamten Sachkosten (3.1. bis 3.2.)**	128.884 €	18.412 Std.	7,00 €
4.	**Ermittlung des indirekten Kostenanteils für Overhead** Gesamtzuschlag zu den Kosten in der Pflege (= 2.3. + 3.3.)			
		276.180 €	18.412 Std.	15,00 €
5.	**Ermittlung der Gesamtkosten** ... nicht relevant für die Ermittlung differenzierter Kosten (= 1.5. + +2.3. + 3.3.)			
		724.665 €	18.412 Std.	39,36 €

Kalkulationsmodell für alle Einsatz-Std. (C)

Daraus ergeben sich folgende Berechnungen:
Die Kosten einer **Einsatzstunde (C)**

	für SGB XI	für SGB V bzw. andere Leistungs- bereiche
a) für examinierte Pflegefachkräfte (mit min. 3-jähriger Ausbildung)		
= Pflegepersonalkosten	30,00 €	30,00 €
+ Overhead-Personalkosten	8,00 €	8,00 €
+ Sachkosten o. Inv.kostenanteil	3,96 €	3,96 €
+ Investitionskosten gem. § 82 Abs. 2 SGB XI	XXXXXX	3,04 €
= Gesamtkosten pro Einsatzstunde (C)	41,96 €	45,00 €
b) für Pflegekräfte (mit min. 1-jähriger Ausbildung)		
= Pflegepersonalkosten	20,00€	20,00 €
+ Overhead-Personalkosten	8,00€	8,00 €
+ Sachkosten o. Inv.kostenanteil	3,96 €	3,96 €
+ Investitionskosten gem. § 82 Abs. 2 SGB XI	XXXXXX	3,04 €
= Gesamtkosten pro Einsatzstunde (C)	31,96 €	35,00 €
c) für Un- und/oder angelernte Mitarbeiter (in Pflege und/oder Hauswirtschaft)		
= Pflegeperonsalkosten	15,00€	15,00€
+ Overhead-Personalkosten	8,00 €	8,00 €
+ Sachkosten o. Inv.kostenanteil	3,96 €	3,96 €
+ Investitionskosten gem. § 82 Abs. 2 SGB XI	XXXXXX	3,04 €
= Gesamtkosten pro Einsatzstunde (C)	26,96 €	30,00 €
d) für Zivildienstleistende oder Mitarbeiter FSJ		
= Pflegepersonalkosten	10,00 €	10,00 €
+ Overhead-Personalkosten	8,00 €	8,00 €
+ Sachkosten o. Inv.kostenanteil	3,96 €	3,96 €
+ Investitionskosten gem. § 82 Abs. 2 SGB XI	XXXXXX	3,04 €
= Gesamtkosten pro Einsatzstunde (C)	21,96 €	25,00 €
e) Kosten im Durchschnitt = Mischkalkulation		
= Pflegepersonalkosten	24,36 €	24,36 €
+ Overhead-Personalkosten	8,00 €	8,00 €
+ Sachkosten o. Inv.kostenanteil	3,96 €	3,96 €
+ Investitionskosten gem. § 82 Abs. 2 SGB XI	XXXXXX	3,04 €
= Gesamtkosten pro Einsatzstunde (C)	36,32 €	39,36 €

5.) Die Ergebnisse müssen nun mit der Kostensteigerung für das jetzige Jahr oder weiteren Kostensteigerungen für Folgejahre multipliziert werden. Kostensteigerungen ergeben sich aus Lohnsteigerungen und der Entwicklung der Inflationsrate.

45. Fahrtkosten: Wie können Ihre „wirklichen" Fahrtkosten berechnet werden?

Reichen die Hausbesuchspauschalen aus, um die Fahrt-/Wegekosten zu decken? Die Kosten, welche durch Fahrten und Wege der Mitarbeiter entstehen, werden verursacht

- » durch die investiven Kosten für das Fahrzeug, z. B. Leasing oder die Abschreibung,
- » die Verbrauchskosten für die Fahrzeuge, z. B. Benzin
- » und, am bedeutendsten: die Personalkosten, die durch die Zeit der „fahrenden" Mitarbeiter entstehen (+ den Zuschlag für „Overheadkosten" + „nicht-investive" Sachkosten).

Es gibt vom Gesetzgeber keinen vorgeschriebenen Weg, die eigenen Kosten für Fahrten oder Wege zu berechnen.

Die Notwendigkeit entsteht eigentlich nur

- » für die Vorbereitung und die Berechnungen im Rahmen von Vergütungsverhandlungen,
- » für Entscheidungen im Rahmen der wirtschaftlichen Personal-Einsatz-Planung.

Ein einfacher Weg, die Kosten, die Fahrten oder Wege zu berechnen:
Zuerst berücksichtigt man das Ergebnis der Kalkulation des Pflegedienstes.

Hinweis: Ergänzend lesen Sie bitte auch das Kapitel „Was kostet eine Stunde einer Pflegefachkraft, einer Helferin und die eines Zivildienstleistenden?", Seite 157.

Kalkulieren, Organisieren, Steuern   Thomas Sießegger
© Vincentz Network GmbH & Co. KG, Hannover 2009 • ISBN: 978-3-86630-079-8

Berechnung der Fahrtkostenpauschalen   Beispiel

Aus den Berechnungen im Rahmen der Kalkulation können nun die Fahrtkostenpauschalen berechnet werden:

	Kosten pro Qualifikation	Overhead-Kosten Leitung Verwaltung	Sachkosten ohne Investitions-kosten	Investive Sach-kosten für die Fahrzeuge	andere restliche investive Sachkosten	Gesamtkosten SGB V und anderer Leistungs-bereiche	Gesamtkosten SGB XI
Examinierte Pflegefachkräfte (3)	= 30,00 €	+ 7,00 €	+ 3,00 €	+ 2,00 €	+ 1,00 €	= 43,00 €	= 40,00 €
Pflegekräfte (1)	= 20,00 €	+ 7,00 €	+ 3,00 €	+ 2,00 €	+ 1,00 €	= 33,00 €	= 30,00 €
Un- und/oder angelernte Mitarbeiter	= 15,00 €	+ 7,00 €	+ 3,00 €	+ 2,00 €	+ 1,00 €	= 28,00 €	= 25,00 €
Zivildienstleisende oder Mitarbeiter FSJ	= 10,00 €	+ 7,00 €	+ 3,00 €	+ 2,00 €	+ 1,00 €	= 23,00 €	= 20,00 €
Durchschnittliche Personalkosten	**= 24,36 €**	**+ 7,00 €**	**+ 3,00 €**	**+ 2,00 €**	**+ 1,00 €**	**= 37,36 €**	**= 34,36 €**

Die folgenden Angaben wurden aus den bisher eingegebenen Daten errechnet:

Kosten einer Einsatz-Stunde (C) für SGB XI	34,36 €
Kosten einer Einsatz-Stunde (C) für andere Leistungsbereiche (auch SGB V)	37,36 €
Anzahl aller Hausbesuche	39.454 Hausbesuche
Fahrt- und Wegzeit der Mitarbeiter in der Pflege insgesamt	4.603 Std.

Daraus ergibt sich eine:

durchschnittliche Wegezeit pro Hausbesuch:
7,0 Min.

Fahrtpauschale SGB XI
4,01 €

Fahrtpauschale andere Leistungen
4,36 €

Bei Mischeinsätzen ergeben sich (zusammen) Kosten, die zwischen diesen beiden Werten liegen. Im Prinzip (aus Sicht der Kostenrechnung) kann man diese Kosten aufteilen.
Die Differenz ergibt sich aus den rechtlichen Grundlagen für die Berechnung der Investitionskosten gem. § 82 Abs. 2 SGB XI.

Es handelt sich um Beispielzahlen. Bitte verwenden Sie auf jeden Fall Ihre eigenen Werte.

Für die Berücksichtigung der Personalkosten bietet es sich an, eine Misch-kalkulation der Qualifikationen zu verwenden. Den Kunden wäre schwerlich zu vermitteln, warum die Hausbesuchspauschale einer examinierten Kran-kenschwester teurer ist als die einer angelernten Pflegekraft. Die kompletten Sachkosten (Verbrauchskosten und Investitionskosten) werden als differen-zierter Zuschlag zu allen Stundensätzen kalkuliert. Die Verbrauchskosten der dienstlich genutzten PKW, z. B.

Benzinverbrauch, Steuern, Versicherungen usw.

müssen sowohl im Bereich des SGB XI als auch in die anderen Leistungsge-bieten (SGB V, SGB XII, Privatzahler usw.) kalkulatorisch berücksichtigt wer-den.

Die investiven Kosten (im Sinne des § 82 Abs. 2 SGB XI) der dienstlich genutz-ten PKW, z. B. Leasing oder Abschreibung und die Kosten für Reparatur/War-tung gehören

> » im Bereich des SGB XI nicht zu den zu kalkulierenden Kosten im Rah-men der Berechnung der Fahrtkosten,

> » bei allen anderen Leistungen zur Kalkulation der Fahrtkosten bzw. der Hausbesuchspauschalen dazu.

Bei der Berechnung der Stundensätze nach SGB XI wird der Anteil der Investi-tionskosten, der für die Fahrzeuge anfällt (aber auch der Anteil z. B. für Miete und EDV, eben alles, was anteilig ins SGB XI fällt), nicht mit berücksichtigt. Bei der Kalkulation der Fahrtkosten bzw. der Hausbesuchspauschalen wird dieser Unterschied ebenfalls anteilig berücksichtigt. Deshalb sind Fahrtkos-ten (bzw. Hausbesuchspauschalen) im SGB XI immer niedriger als im SGB V oder in anderen Leistungsbereichen.

Anmerkung: Sollten für die Wege keine Fahrzeuge verwendet werden, weil die Mitarbeiter alle Besuche bei Patienten zu Fuß gehen können oder mit dem Fahrrad erledigen, wird die Differenz zwischen SGB XI und den anderen Leis-tungen geringer.

Die Erstattung der Fahrtkosten wird in den meisten Bundesländern als Haus-besuchspauschale vergütet, in einigen Bundesländern sind die Fahrtkosten integrativ Bestandteil der Preise der Leistungen und Leistungskomplexe im SGB XI.

Die Bedeutung der Hausbesuchspauschale liegt darin, dass sie die am häu-figsten erbrachte Leistung ist. Deshalb fällt die Differenz zwischen

– den Erlösen/Erstattungen über die Hausbesuchspauschalen

– zu den hier berechneten Kosten

besonders stark ins Gewicht.

Meist sind die Hausbesuchspauschalen (betrachtet man sie als alleinige Finanzierung der Fahrt- und Wegezeiten) defizitär.

Der fehlende „Rest" an Vergütung ist dann (hoffentlich?) in den Punktwerten der Leistungen enthalten.

Deshalb sollte in Verhandlungen versucht werden, die Hausbesuchspauschalen besonders intensiv zu betrachten und zu analysieren, da sie die am häufigsten erbrachte „Leistung" sind.

Anderenfalls würde die Unterdeckung wahrscheinlich in der Praxis zu einer zeitlich reduzierten Pflegeleistung führen.

46. Was ist eine Kostenträgerrechnung? Wie funktioniert sie?

Was kostet uns eine „Kleine Pflege"?

Die Kostenträgerrechnung für einen ambulanten Pflegedienst bedeutet, zu berechnen, wie hoch die eigenen Kosten für bestimmte Leistungen sind. Folgt man dem Muster der Pflegebuchführungsverordnung (PBV), sind im Rahmen der Pflegeversicherung die einzelnen Leistungskomplexe die Kostenträger. Ein Kostenträger im Sinne der Kostenrechnung ist die Antwort auf die umgangssprachlich geäußerte Frage: „Was kostet uns die Produktion eines Stückes?"

Diese vorgeschlagene (und sinnvolle) Vorgehensweise lässt sich auch für die Leistungen nach SGB V und für alle andersartigen Leistungen anwenden. Voraussetzung für die Anwendung der Berechnung ist die Kenntnis der Kosten pro Einsatz-Stunde (= Pflegezeit + Fahrtzeit)

  a) einer examinierten Pflegefachkraft (mit 3-jähriger Ausbildung),

  b) einer Pflegekraft/Helferin (mit 1-jähriger Ausbildung),

  c) einer un- oder angelernten Pflegekraft,

  d) andere Mitarbeiter (z. B. Zivildienstleistende oder Mitarbeiter im Freiwilligen Sozialen Jahr oder Ähnliche),

  e) im Rahmen einer Mischkalkulation für alle Mitarbeiter-Qualifikationen.

Diese Kosten sollten mathematisch richtig ermittelt worden sein, nämlich auf Basis der Einsatzstunden (C).

Eine weitere Notwendigkeit: Die Kenntnis über die durchschnittlichen Zeiten einer Leistung und die Zusammensetzung des Personals (was bei dieser Leistung zum Einsatz kommt [also z. B. bei einer „Kleinen Pflege" wird die Leistung in 60% der Fälle von examinierten Pflegefachkräften erbracht, in 40% der Fälle von Helferinnen. Die Ermittlung und Auswertung nach Qualifikationen ist fast nur mit einer modernen EDV möglich]).

Insofern ist in einer Berechnung:

Kalkulieren, Organisieren, Steuern   Thomas Sießegger
© Vincentz Network GmbH & Co. KG, Hannover 2009 · ISBN: 978-3-86630-079-8

Checkliste für die Berechnung der Kosten für Einzelleistungen und Leistungskomplexe

1. die durchschnittliche Zeit in Minuten zu erfassen.

2. Dann werden diese Minuten ins Verhältnis gesetzt zu 60 Minuten (da man den Stundenwert kennt).

3. Der Wert ist anteilig zu multiplizieren mit den jeweiligen Stundensätzen der Mitarbeiter.

Berechnung der Kosten für Einzelleistungen und Leistungskomplexe

einige grundsätzliche Angaben:

Die Kosten einer examinierten **Pflegefachkraft** pro Einsatzstd.	42,00 Euro/Std.	= ex. PFK
Die Kosten einer anderen **Pflegekraft** (z.B. Helfer) pro Einsatzstd.	35,00 Euro/Std.	= and. PK

Nr.	Leistung/Leistungskomplex	Durch- schnittl. Minutenwert	prozentualer Anteil der Leistungen durch		Daraus ergeben sich Kosten von:	aktueller Preis nach Vergütungs- vereinba- rung	Abweichung absolut in €	Abweichung der Kosten vom Preis in Prozent
			ex. PFK	Pflegekräfte				
1	Durchschnittliche Fahrtzeit (Hausbesuchspauschale)	7,0 Min.	60%	40%	4,57 €	3,15 €	−1,42 €	+45,2%
2	Ganzkörperwaschung	27,0 Min.	60%	40%	17,64 €	10,74 €	−6,90 €	+64,2%
3	Teilkörperwaschung	18,0 Min.	60%	40%	11,76 €	8,00 €	−3,76 €	+47,0%
4	usw.				---	---	---	---
5					---	---	---	---
6	Dekubitusversorgung	9,0 Min.	100%	0%	6,30 €	7,00 €	+0,70 €	−10,0%
7	Verband anlegen	7,0 Min.	100%	0%	4,90 €	5,00 €	+0,10 €	−2,0%
8	Medikamentengabe	6,0 Min.	100%	0%	4,20 €	3,00 €	−1,20 €	+40,0%
9	Insulin-Injektion	5,0 Min.	100%	0%	3,50 €	4,00 €	+0,50 €	−12,5%

Die oben aufgeführten Leistungen, Vergütungen und Berechnungen sind Beispiele.

Zum Abschluss können die eigenen Kosten mit den Vergütungen verglichen werden, die momentan von den Kassen bezahlt werden. Dabei gibt es meist eine Über- oder Unterdeckung. Es wäre ein Zufall, wenn die vereinbarten Vergütungen exakt mit den errechneten Kosten übereinstimmen.

Diese Form der Berechnung ist eine vollkommen andere, aber realitätsnahe Vorgehensweise gegenüber den verzerrten Preisen, die sich im Laufe der Jahre bei Verhandlungen gebildet haben.

Manche Leistungen werden unterfinanziert sein, bei mancher Leistung wird aber andererseits eine überschüssige Bezahlung stattfinden.

Es wird wohl ziemlich unrealistisch sein, lieb gewonnenes Verhandlungs-gebaren in Zukunft zu ändern. Wichtig ist es für die Einrichtung selbst, zu wissen, wie hoch die Kosten pro Leistung sind, um im Rahmen der Personal-Einsatz-Planung die Leistungen und die Arbeitszeiten der Mitarbeiter steuern zu können.

47. Mischkalkulation: In welchen Fällen ist sie angebracht?

Nicht alles und jedes muss sich rechnen – aber insgesamt sollte die Rendite stimmen
Die Mischkalkulation ist eine spezielle Aufgabe für die Kostenstellenrechnung

Unter einer Mischkalkulation (auch Ausgleichskalkulation genannt) versteht man eine Kalkulation, bei der die Preise für einzelne Leistungen oder Leistungskomplexe nicht von den tatsächlichen Kosten, sondern von marktstrategischen Überlegungen bestimmt werden. In der Summe der verkauften Leistungen entspricht das Ergebnis dann aber trotzdem den eigenen Erwartungen.

Die Annahme ist, dass geringere Gewinne oder sogar Verluste, die mit einigen dieser Leistungen erzielt werden, durch entsprechende höhere Gewinne anderer Leistungen ausgeglichen werden. In Kombination der beiden Angebote wird trotzdem ein akzeptabler Deckungsbeitrag erreicht. Mischkalkulation kann dazu dienen, die Preisgestaltung zu vereinfachen oder neue Zielgruppen zu erschließen und neue Leistungsangebote zu etablieren. Kritisch ist eine Mischkalkulation dann, wenn das Ziel verfolgt wird, Konkurrenten aus dem Markt zu drängen, die aufgrund anderer Kostenstrukturen keine entsprechende Mischkalkulation anbieten können.

Ein allgemein bekanntes Beispiel sind die Flatrates der Telefongesellschaften. Diese basieren meist auf einer Mischkalkulation. Intensive Telefonierer verursachen mehr Kosten als sie bezahlen. Diese einkalkulierten Verluste werden überkompensiert durch viele andere Nutzer mit geringerem Verbrauch. Gewinne gleichen die Verluste aus. Aber auch die Leistungskomplexe im Rahmen der Pflegeversicherung sind im Prinzip schon eine Mischkalkulation. Nicht jede Leistung rechnet sich, nicht jeder Patient. Deshalb ist es auch falsch (und sogar rechtswidrig), wenn versucht wird, einem zeitintensiven (unrentablen) Patienten zusätzliche Leistungen zu verkaufen, die er gar nicht in Anspruch nimmt.

167

Kalkulieren, Organisieren, Steuern   Thomas Sießegger
© Vincentz Network GmbH & Co. KG, Hannover 2009 • ISBN: 978-3-86630-079-8

Beispiel

Nicht jede Leistung muss sich rechnen

1. Teil der Mischkalkulation

		Durchschnittsquote in der Leistungserbringung:	Daraus ergibt sich der Mischstundensatz:
Kosten einer examinierten Pflegefachkraft:	45,00 €/Std.	65%	40,45 €/Std.
Kosten anderer Pflegekräfte:	32,00 €/Std.	35%	

2. Teil der Mischkalkulation

Leistungen	Erlös pro Leistung	Durchschnittl. Minutenwert	interne Kosten	Kosten für eine Leistung	Ergebnis pro Leistung	Anzahl lt. Monats- statistik	Gesamter- gebnis pro Leistung
Ganzwaschung	16,22 €	26 Min.	40,45 €/Std.	17,53 €	−1,31 €	342	−447,45 €
Teilwaschung	10,78 €	18 Min.	40,45 €/Std.	12,14 €	−1,36 €	267	−361,79 €
Lagern/Betten	6,78 €	8 Min.	40,45 €/St.d	5,39 €	+1,39 €	198	+274,56 €
.....							
Hausbesuchspauschale SGB XI	3,80 €	7 Min.	40,45 €/Std.	4,72 €	−0,92 €	1.283	1.179,29 €
.....							
Insulininjektion	4,50 €	4 Min.	40,45 €/Std.	2,70 €	+1,80 €	387	+697,89 €
.....							
Dekubitionsversorgung	8,70 €	9 Min.	40,45 €/Std.	6,07 €	+2,63 €	45	+118,46 €
Medikamentengabe	3,40 €	3 Min.	40,45 €/Std.	2,02 €	+1,38 €	167	+230,04 €
.....							
Gesamt-Ergebnis							+/−0

Es handelt sich um fiktive Zahlen.

Die den Leistungen hinterlegten Punktwerte (oder die relative Zeit, die im Durchschnitt dahinter steht) entsprechen nicht den Relationen der Leistungen zueinander: Für manche Leistungen bedürfte es mehr an Punkten bzw. Zeit, während andere Leistungen relativ großzügig ausgestattet sind.
Gleichzeitig ist dem Patienten die Qualität und Zeit der Leistung zu gewähren, die tatsächlich im Rahmen des Angemessenen und Notwendigen liegt. Hiermit liegt es auf der Hand, dass sich nicht jede Leistung mit ihrer zugehörigen Vergütung rechnen muss.

Beispiel

Nicht jeder Patient muss sich rechnen

Name	Dauer aller Leistungen insgesamt	Interne Kosten	Kosten für einen Einsatz	Erlös pro Einsatz	Ergebnis pro Einsatz	Häufigkeit pro Monat	Gesamtergebnis pro Patient im Monat
Maier	27 Min.	43,45 €/Std.	19,55 €	29,67 €	+10,12 €	21	+212,47 €
Müller	58 Min.	43,45 €/Std.	42,00 €	45,55 €	+3,55 €	31	+110,00 €
Schmidt	25 Min.	43,45 €/Std.	18,10 €	20,03 €	+1,93 €	27	+52,00 €
Kaiser	34 Min.	43,55 €/Std.	24,68 €	22,81 €	−1,87 €	27	−50,45 €
König	31 Min.	28,22 €/Std.	14,58 €	12,34 €	−2,24 €	27	−60,49 €
Sießegger	38 Min.	28,22 €/Std.	17,87 €	8,13 €	−9,74 €	27	−263,05 €
.....							
Gesamtergebnis							**+0,48 €**

Es handelt sich um fiktive Zahlen.

Patienten sind sehr unterschiedlich in ihren Bedürfnissen, obwohl sie teilweise die gleichen Leistungen bekommen. Einige benötigen aktivierende Pflege (worauf sie ein Anrecht haben) und sind damit zeitintensiv, manche sind „sehr kommunikativ", andere haben lange Anfahrtswege, manche sind so schwer an Gewicht, dass sie von zwei Personen versorgt werden müssen. Andererseits gibt es Patienten, die zügig zu versorgen sind, wo bereits alles vorbereitet ist – und die durch die hohe Anzahl an kombinierten Leistungen Synergie-Effekte bei den Pflegediensten erzeugen.

Beispiel

Nicht jede Kostenstelle macht „plus"

Berechnung im Rahmen einer 3-stufigen Deckungsbeitragsrechnung

	SBG V	SGB XI	SGB XII	Privatzahler/ Haushaltsnahe Dienstleistungen	Gesamt
Gesamte Erlöse	+350.000 €	+450.000 €	+120.000 €	+80.000 €	+1.000.000 €
./. variable anteilige Personalkosten	−240.000 €	−300.000 €	−80.000 €	−70.000 €	−690.000 €
= Deckungsbeitrag I	**+110.000 €**	**+150.000 €**	**+40.000 €**	**+10.000 €**	**+310.000 €**
./. direkt zurechtbare Fixkosten	−115.000 €	−90.000 €	−35.000 €	−12.000 €	−252.000 €
= Deckungsbeitrag II	**−5.000 €**	**+ 60.000 €**	**+ 5.000 €**	**−2.000 €**	**+58.000 €**
./. anteilige Gemeinkosten	−28.000 €	−22.500 €	−4.500 €	−3.000 €	−58.000 €
= Deckungsbeitrag III = Ergebnis	**−33.000 €**	**+37.500 €**	**+500 €**	**−5.000 €**	**+0 €**

Es handelt sich um fiktive Zahlen.

Das gewünschte Betriebsergebnis ist +/−0, vorausgesetzt die gewünschten Gewinne/Überschüsse sind als kalkulatorische Kosten berücksichtigt.

Rein rechtlich ist es im Einzelfall problematisch, wenn sich Kostenstellen gegenseitig „verrechnen". Steuerrechtlich und betriebspolitisch ist dies jedoch vollkommen legitim.

Am Beispiel sieht man

a) die nicht kostendeckende Vergütung von SGB V-Leistungen (Diese sind nämlich nur rentabel in Kombination mit SGB XI-Hausbesuchen)

b) die ebenfalls nicht kostendeckende Vergütung von Privatzahlerleistungen. Hierüber soll betriebspolitisch ein Einstieg in den Markt gefunden werden, bevor die Kunden zu Patienten des Pflegedienstes werden.

Vor- und Nachteile der Mischkalkulation

Ein denkbarer Vorteil ist es, wenn ein Pflegedienst sehr günstige haushaltsnahe Dienstleistungen anbietet, um dadurch neue Kundenpotentiale für die Pflege zu erschließen. Durch die Zufriedenheit der Kunden bei dieser subventionierten Leistung entsteht eine Kundenbindung.

Dieser Wunsch nach „Leistungen aus einer Hand" kann dazu führen, dass später – wenn Pflegebedarf entsteht – ein lückenloser unbürokratischer Übergang in andere Dienstleistungen gewährt werden kann. Voraussetzung ist dann allerdings, dass sich die Pflegeleistungen rechnen.

Gefahren entstehen, wenn die Mischkalkulationen für den Kunden zu offensichtlich sind: Dann wählt der mündige Kunde bei dem einen Anbieter die Leistungen aus, die intern subventioniert werden, und geht für andere Leistungen zu einem konkurrierenden Pflegedienst. Gefährlich ist es auch, wenn die Pflegekasse feststellt, dass vergleichbare Leistungen privat durch das gleiche Personal zu wesentlich günstigeren Preisen angeboten werden als in der Pflegeversicherung.

Der Anbieter hat sich im wahrsten Sinne des Wortes verkalkuliert. Die Rechnung geht nicht auf.

Hinweis: Ergänzend zu dieser Fragestellung der Mischkalkulation lesen Sie bitte auch:
Punkt 12.2. „Nicht jeder Patient muss sich rechnen", S. 43
Punkt 14. „Warum sollten die Fahrtzeiten nicht den Kunden angelastet werden?", S. 50
Punkt 29. „Welche Patienten rechnen sich und welche nicht?", S. 101

48. Wie können die Kosten für Prozesse berechnet werden?

Die Prozesskostenrechnung ist ein Kostenrechnungsverfahren, bei dem die Leistungsverrechnung tätigkeitsorientiert durchgeführt wird. Als Bezugsgrößen für die Kostenverrechnung dienen die betrieblichen Tätigkeiten (Prozesse), wie z. B.

» Durchführung einer Dienstbesprechung,

» Erstellung der Abrechnung,

» Personal-Einsatz-Planung,

» Schreiben eines Briefes,

» Leitung des ambulanten Pflegedienstes,

» Durchführung der Dienstplanung,

» Durchführung der Zeit- und Leistungserfassung,

» Durchführung der Einsatzplanung.

Durch den Einsatz der Prozesskostenrechnung wird es notwendig, alle für die Erstellung der Dienstleistung erforderlichen Tätigkeiten differenziert abzubilden bzw. zu analysieren und zu definieren. Die Prozesskostenrechnung ist damit wichtige Grundlage für eine Einschätzung der Wirtschaftlichkeit von einzelnen Arbeitsprozessen und damit wiederum Grundlage für Verbesserungsprozesse.

Zur Bestimmung der Kosten eines Prozesses muss bekannt sein, welche Mitarbeiterinnen mit welcher Qualifikation (und damit mit welchen Kosten) an diesen Prozessen beteiligt sind. Sachkosten müssen nicht berücksichtigt werden in Form einer Zuschlagskalkulation, es sei denn die Sachkosten sind direkt mit dem Prozess in Verbindung zu sehen.

Was ist unsere Zeit wert?

Wenn es darum geht, Ihren Pflegedienst wirtschaftlicher zu gestalten, bedeutet dies, sich auf die Aspekte zu konzentrieren, die 80% der Kosten verursachen, also die Personalkosten. Diese wiederum entstehen durch den Verbrauch von Zeit. Diese Zeit kann entweder als Pflegezeit beim Patienten erbracht werden, als Fahrt-/und Wegezeit oder als Organisationszeit.

171

Kalkulieren, Organisieren, Steuern   Thomas Sießegger
© Vincentz Network GmbH & Co. KG, Hannover 2009 • ISBN: 978-3-86630-079-8

A	=	bezahlte Jahresarbeitszeit	
	−	Urlaub und Krankheit	
= **B**	=	Anwesenheitszeit der Mitarbeiter	
	−	Organisationszeit	
= **C**	=	Einsatzzeit der Mitarbeiter	
	−	Fahrt-/Wegezeit	
= **D**	=	Nettopflegezeit der Mitarbeiter beim Patienten	

Im Rahmen einer innerbetrieblichen Analyse kann untersucht werden, was diese Zeit wert ist. Es geht dabei um die Frage „Was kostet uns eine Stunde oder eine Minute der Zeit, die uns auf der Ebene B zur Verfügung steht?"

Eine Prozesskostenrechnung muss in diesem Fall mit den Stunden kalkulieren, welche die Mitarbeiter anwesend sind, die Division der Personalkosten erfolgt also durch die B-Stunden.

Kalkulationsmodell für alle Anwesenheitsstd. (B)			
= Grundlage zur Berechnung der Kosten von internen Prozessen z. B. im Rahmen einer Prozesskostenrechnung			
differenziert für verschiedene Mitarbeitergruppen	Kalkulation der Kosten	Anwesenheits-stunden	Kosten je Ein-satz-Stunde
Pos.	Kostenpositionen	in Euro	in Std.	in Euro/Std.
1.	**Personalkosten der Mitarbeiter in der Pflege**			
1.1.	**Examinierte Pflegefachkräfte** (mit mind. 3-jähriger Ausbildung)	282.000 €	10.969 Std.	**25,71 €**
1.2.	**Pflegekräfte** (mit mind. 1-jähriger Ausbildung)	131.440 €	8.209 Std.	**16,01 €**
1.3.	**Un- und/oder angelernte Mitarbeiter** (in Pflege und/oder Hauswirtschaft)	31.935 €	2.432 Std.	**13,13 €**
1.4.	**Zivildienstleistende oder Mitarbeiter im FSJ**	3.110 €	554 Std.	**5,61 €**

In diesem Fall werden keine Overheadkosten zu den reinen Personalkosten addiert, weil es im Rahmen der Prozesskostenrechnung nur um die Frage der Kosten der reinen Prozesse geht.

49. Was kostet (uns) die Durchführung einer Dienstbesprechung?

Folgende Fragen müssen geklärt werden:

» Welche Personen, mit welcher Qualifikation nehmen an der Dienstbesprechung teil?

» Was sind deren Kosten pro Anwesenheitsstunde (B)?

» Wie lange dauert die Dienstbesprechung?

» In welcher Frequenz wird die Dienstbesprechung durchgeführt, d. h. findet sie einmal wöchentlich statt, vierzehntägig oder alle 3 Wochen?

» Gibt es zusätzliche direkte Sachkosten für die Durchführung der Dienstbesprechung in Form von Büromaterial oder sonstigem?

173

Kalkulieren, Organisieren, Steuern   Thomas Sießegger
© Vincentz Network GmbH & Co. KG, Hannover 2009 • ISBN: 978-3-86630-079-8

Prozesskostenrechnung

Arbeitsprozess: | Dienstbesprechung

Es sind nur die gelb hinterlegten Felder einzugeben.

1. Berechnung der Personalkosten

	Nr.	Beteiligte Mitarbeiter	Einzeltätigkeiten innerhalb des Arbeitsprozesses	Minuten	... in Stunden	Personalkosten pro Stunde	Kosten
+	1	PDL Müller	Vorbereitung + Teilnahme	150 Min.	2,50 Std.	27,35 €	68,38 €
+	2	Maier	Teilnahme	90 Min.	1,50 Std.	25,71 €	38,57 €
+	3	Schmidt	Teilnahme	90 Min.	1,50 Std.	25,71 €	38,57 €
+	4	Herrmann	Teilnahme	90 Min.	1,50 Std.	25,71 €	38,57 €
+	5	Schneider	Teilnahme	90 Min.	1,50 Std.	25,71 €	38,57 €
+	6	Fritz	Teilnahme	90 Min.	1,50 Std.	25,71 €	38,57 €
+	7	Huber	Teilnahme	90 Min.	1,50 Std.	25,71 €	38,57 €
+	8	Sießegger	Teilnahme	90 Min.	1,50 Std.	25,71 €	38,57 €
+	9	Maler	Teilnahme	90 Min.	1,50 Std.	16,01 €	24,02 €
+	10	Turner	Teilnahme	90 Min.	1,50 Std.	16,01 €	24,02 €
+	11	Thomy	Teilnahme	90 Min.	1,50 Std.	16,01 €	24,02 €
+	12	Fischer, Verwaltungskraft	Teilnahme	90 Min.	1,50 Std.	18,47 €	27,71 €
+	13	Fischer	Nachbearbeitung des Protokolls	30 Min.	0,50 Std.	18,47 €	9,24 €
			Zwischensumme Personalkosten:	1.170 Min.	19,50 Std.	XXX	**447,32 €**

2. direkt zurechenbare betrieblich relevante Sachkosten

		Einzelposten	Anzahl	Einzelkosten	Kosten
+	A	Overhead-Folien zur Schulung	13	0,50 €	6,50 €
+	B	Flip-Chart-Papier zur Darstellung	12	0,80 €	9,60 €
+	C				0,00 €
+	D				0,00 €
+	E				0,00 €
		Zwischensumme Sachkosten:	XXX	XXX	**16,10 €**

3. Gesamtkosten für den Arbeitsprozess

Dienstbesprechung =	**463,42 €**

Dieses Schaubild finden Sie als kostenlosen Download unter www.siessegger. de/buch2009/downloads.htm

Die Berechnungen basieren auf folgenden Annahmen:

1. Die Kosten von Pflegekräften werden anhand des Kalkulationsschemas anhand der B-Stunden berechnet (siehe S. 172).

   Allerdings werden hier nur die reinen Personalkosten verwendet, also keine Zuschläge (für Overheadkosten oder Sachkosten) mit in die Berechnung einbezogen!

   plus

2. Die Kosten der ggf. an den Prozessen beteiligten Pflegedienstleitungen, Stellvertretungen und den Verwaltungskräften werden folgendermaßen berechnet:

Personalkosten der jeweiligen Person

―――――――――――――――――――――――――――――

Anwesenheitsstunden (B) der jeweiligen Person

Beispiel

Berechnung der Kosten für Leitungen, Stellvertretungen und Verwaltungskräfte		
	Personalkosten pro Jahr	Anwesenheits-Std. (B) pro Jahr	= Kosten pro Stunde (B)
Pflegedienstleitung	45.738 €	1.672,34 Std.	27,35 €
Stellvertretung	39.473 €	1.610,50 Std.	24,51 €
Verwaltungskraft	21.832 €	1.182,27 Std.	18,47 €

Das heißt, eine Dienstbesprechung kostet in der Durchführung 463,42 €.
Führt man diese zweiwöchentlich durch, entstehen
463,42 € x 26 Wochen
= 12.048,92 € an Kosten pro Jahr für alle Dienstbesprechungen.

In dieser Form können alle beliebigen Prozesse eines Pflegedienstes untersucht werden:

» die Aufnahme eines Patienten,

» das Schreiben eines Briefes im Vergleich zu den Kosten des Schreibens eines Fax oder einer E-Mail,

» Was kostet eine Abrechnung (z. B. wenn Sie wissen möchten, ab welchem Betrag es sich überhaupt lohnt, eine Rechnung zu schreiben, oder eine Mahnung zu schreiben)?

» Was kostet die Übertragung des handschriftlichen Protokolls in eine WORD-Datei?
Und was kostet das Ganze 26 Mal im Jahr in der Summe?

Sie werden sehen, wenn Sie einige Prozesse hinsichtlich ihrer Kosten unter die Lupe nehmen, so werden Sie auf neue Ideen kommen, und ggf. das eine oder andere unterlassen oder ändern.

Hinweis: Ergänzend zu dieser Fragestellung lesen Sie bitte auch:
Punkt 48. „Wie können die Kosten für Prozesse berechnet werden?", S. 171
Punkt 23.6. „Schritte einer Kostenkalkulation im Rahmen des SGB XI", S. 84

50. Wie kann Rufbereitschaft finanziert werden? ... und was kostet sie?

Nicht jeder Pflegedienst muss allein die Rufbereitschaft einrichten – Kosten können durch Kooperationen gespart werden

Die Pflegeversicherung schreibt vor, dass Sie in Ihrem Pflegedienst eine 24-Std-Rund-um-die-Uhr-Bereitschaft vorhalten müssen. Diese Vorgabe einzuhalten ist während des Tages nicht schwierig, da von ca. 6:00 Uhr bis 17:00 Uhr immer jemand im Pflegedienst – oder von den Mitarbeitern erreichbar ist bzw. Ihre Mitarbeiter auf Touren sind. Die Zeit bis 21:00 oder gar bis 22:00 Uhr ist meist noch durch den Abenddienst erreichbar. Richtig bedeutsam wird die Rufbereitschaft jedoch erst ungefähr zwischen 22:00 Uhr bis 6:00 Uhr am nächsten Morgen.

Würde jeder Pflegedienst diese Rufbereitschaft seinen Mitarbeitern in vollem Umfang der tarifvertraglichen Regelungen bezahlen, würde dies zu hohen (kaum vertretbaren) Kosten führen. Deshalb sind hier verschiedene Möglichkeiten der Organisation und Finanzierung von Rufbereitschaft skizziert und berechnet. So können Sie sich ggf. Alternativen für Ihr jetziges Modell aus diesen Varianten kombinieren, die Qualität steigern und vor allem die Kosten senken.

Für die folgenden Modellrechnungen gelten folgende Annahmen:

» Das Stundenentgelt beträgt 25,00 € pro Stunde.

» Es gilt, für 365 Tage die Rufbereitschaft von 22:00 Uhr – 6:00 Uhr abzudecken.

» Die tatsächlichen Einsätze der Mitarbeiter werden in diesem Vergleich der Modelle einheitlich nicht berücksichtigt (müssen in der Praxis jedoch auf jeden Fall bezahlt werden und zählen zu den Kosten). Sie können damit rechnen, dass es nicht wesentlich mehr als ein Einsatz pro Monat bei einem Pflegedienst von 100 Patienten ist. Die Varianz ist jedoch sehr groß.

» Nicht berücksichtigt werden die Kosten für die Rufbereitschaften an den Wochenenden während des Tages.

Kalkulieren, Organisieren, Steuern   Thomas Sießegger
© Vincentz Network GmbH & Co. KG, Hannover 2009 • ISBN: 978-3-86630-079-8

» Ausgenommen sind die geplanten Einsätze zw. 22:00 und 6:00 Uhr; das sind nämlich keine Fälle von Rufbereitschaft.

» Die Modellannahmen müssen für Ihren Pflegedienst angepasst werden.

50.1. Die „klassische" Variante: 12,5% des Tarifentgelts für jede Stunde Bereitschaft

Tarifverträge (z. B. der TVÖD) sehen für die Rufbereitschaft meist folgende Vergütung vor:
Rufbereitschaft mit weniger als 12 Stunden = 12,5% tarifliches Stundenentgelt mal Anzahl der Stunden.
Bei einem Einsatz (egal von welcher Dauer, werden mind. 3 Std. vergütet)
Es entstehen folgende Kosten: 365 Nächte x 8 Stunden x 25,- € x 12,5% = **9.125,– €** pro Pflegedienst
Vorteile: Es sind relativ einfach Mitarbeiter für diesem Dienst zu finden, da es (je nach Neigung der Mitarbeiter) lukrativ sein kann/und selten stattfindet.
Nachteile: zu teuer.

50.2. Die Mitarbeiter in Rufbereitschaft bekommen eine Pauschale

Anstatt 12,5% der tariflichen Kosten wird eine Betriebsvereinbarung getroffen, eine Pauschale (z. B. 20,- €) für eine Nacht Rufbereitschaft.
Es entstehen folgende Kosten: 365 Nächte x 20,– € = 7.300,– € pro Pflegedienst
Vorteile: einfache, unbürokratische Lösung.
Nachteile: immer noch zu teuer.

50.3. Kooperation mehrerer Pflegedienste (es werden hier realistischerweise 6 Pflegedienste angenommen)

Diese Kooperation kann sowohl

a) zwischen mehreren Pflegediensten eines Trägers – oder

b) unter verschiedenen Anbietern (Bei dieser Variante müsste jedoch vertraglich abgesichert sein, dass über den Nachteinsatz keine Kunden abgeworben werden. Das ist aber in der Praxis nie ein Problem gewesen)

vereinbart werden.

In beiden Fällen a) oder b) gibt es wiederum zwei Varianten:

Variante I: Ein Taxi-Unternehmer wird engagiert, welcher die Mitarbeiter auch nachts in „dunkle Gegenden" hin- und zurückfährt. Er stellt hierfür nachts ein eigenes Fahrzeug zur Verfügung.
Für die Gewährung dieser Grundleistung erhält der Taxiunternehmer eine Pauschale von z. B. 6.000 € p. a.
Geteilt durch 6 Pflegedienste = 1.000 € p.a.

Zusätzlich entstehen pro Pflegedienst Fahrtkosten nach Aufwand: angenommen 1 Mal pro Monat pro Pflegedienst à 40,– € = 12 x 40,– € = 480,– €.
Weiterhin entstehen Kosten für zwei Mitarbeiter mit Rufbereitschaft nach Variante 2.) = 7.300,– € x 2 = 14.600,– €, geteilt durch 6 = 2.433,– €
1.000,– € + 480,– € + 2.433,– € = 3.913 € pro Pflegedienst.

Variante II: Zwei Fahrzeuge der beteiligten Pflegedienste erhalten ein Navigationssystem, so dass die eingesetzten Mitarbeiter sich auch in fremden Gebieten zurechtfinden.
Diese Zusatzkosten für die Navigationsgeräte betragen ca. 1.000 € (einmalig), abgeschrieben auf 4 Jahre = 250,– p. a.
Weiterhin entstehen Kosten für zwei Mitarbeiter mit Rufbereitschaft nach Variante 2.) = 7.300,– € x 2 = 14.600,– €
Gesamtkosten = 14.850,– € geteilt durch 6 Pflegedienste = 2.475,– € pro Pflegedienst.
Vorteile: sehr kostengünstig.
Nachteile: Die Koordination der Schlüssel der Patienten könnte sich schwierig gestalten; es müssten codierte Informationen in den einzelnen Pflegediensten vorhanden sein und die Mitarbeiter im Einsatz müssten Zugang haben.
Um Überschneidungen (zum gleichen Zeitpunkt in der Nacht) zu vermeiden, müssten sicherlich mind. zwei Mitarbeiter in Rufbereitschaft sein.
Die Kooperation setzt ein Mindestmaß an gegenseitigem Vertrauen voraus und gute Absprachen.

50.4. Einkaufen oder Verkaufen der Rufbereitschaft

Basierend auf dem Modell 3 kann eine eigene vorhandene Rufbereitschaft (z. B. nach Modell 1 oder 2 verkauft werden an andere Pflegedienste. So können eigene Fixkosten durch Entgelte der anderen Pflegedienste reduziert werden – oder

Ihr Pflegedienst schließt sich einem anderen Pflegedienst an, der ebenfalls in Kombination der Modelle 1 – 3 eine Rufbereitschaft aufgebaut hat; Sie kaufen sich sozusagen ein.

50.5. Leitungskräfte machen die Rufbereitschaft

Die Leitungen (es müssen mind. 3 in einem Pflegedienst sein, z. B. Sie als PDL, Ihre Stellvertretung und Teamleiterinnen) decken die Rufbereitschaft mit ihrer eigenen Person ab. Die Vergütung ist in den (hoffentlich angemessen hohen) Gehältern der Leitungskräfte enthalten.
Diese theoretische Lösung ist nicht gut, weil sie tendenziell zur Überlastung der Pflegedienstleitung führen kann.

50.6. Zusammenfassung

Es gibt verschiedene Variationsmöglichkeiten, die Rufbereitschaft zu organisieren und zu finanzieren. Für jeden Pflegedienst eine eigene Rufbereitschaft aufzubauen ist zu teuer. Überdenken Sie Ihr jetziges System – und kombinieren die vorgeschlagenen Lösungen und setzen Ihre eigenen Zahlen ein.

Tatsächliche Einsätze zw. 22:00 Uhr und 6:00 Uhr gibt es tatsächlich sehr selten. Machen Sie eine Erhebung für einen Monat. Grenzen Sie bitte die geplanten Einsätze von den Rufbereitschafteinsätzen ab. Sie werden verwundert sein, wie selten die Rufbereitschaft abgerufen wird.

Praxischeck

Der Pflegevisiten-Check

Wie wirksam sind Ihre „wiederholten Erstbesuche"?

Prüfen Sie die Effektivität Ihrer Pflegevisiten

Das Instrument der Pflegevisiten wird oftmals vernachlässigt, weil es im Alltagsgeschäft unterzugehen droht. Und das, obwohl Sie als PDL wissen, von welch großer Bedeutung die Pflegevisiten sind. Über die Pflegevisiten kann festgestellt werden, ob sich der Leistungsumfang bei den Patienten verändert hat – und ob neue, zusätzliche Leistungen verkauft werden können. Meist ist es sogar so, dass sich im Laufe der Zeit Leistungen bei den Patienten „eingeschlichen" haben, die von den Mitarbeitern stillschweigend erbracht werden.

Erkennen Sie diese Leistungen, wird die Pflegevisite zu reinen Gewinnen führen, da nicht mehr Mitarbeiter bzw. Stunden eingesetzt werden müssen, die zu Personalkosten führen würden. Aber selbst, wenn Leistungen erkannt werden, die der Kunde zusätzlich benötigt, bedeutet ein Anpassen des Leistungsumfangs zwar auch höhere Personalkosten, erhöht aber in jedem Fall die Effizienz und steigert die Auslastung des Betriebes.

Sie sehen also, neben den pflegefachlichen Aspekten einer Pflegevisite (die hier gar nicht diskutiert werden) sollte der Erfolg der Pflegevisiten messbar gemacht werden können.

Anwendung des „Pflegevisiten-Checks"

Die folgenden Berechnungen finden Sie als kostenlosen Download unter www.siessegger.de/buch2009/downloads.htm

1. Erfassen Sie bei den Pflegevisiten (oder im Nachgang), wie hoch die Umsätze in den beiden Vormonaten waren.

2. Fügen Sie dann drei Monate nach den Pflegevisiten ein, wie sich die Umsätze geändert haben.

3. Eine EXCEL-Datei ermittelt Ihnen dann den Durchschnitt der beiden vorangegangenen Monate und der zwei Folgemonate im Durchschnitt, und führt einen Vergleich durch, sowohl in absoluten Zahlen als auch in Prozent.

Kalkulieren, Organisieren, Steuern   Thomas Sießegger
© Vincentz Network GmbH & Co. KG, Hannover 2009 • ISBN: 978-3-86630-079-8

Pflegevisiten-Check März 2009

Pflegedienst X

Nr.	Name des Patienten	Datum der Pflegevisite	**Umsätze gesamt** aus SGB V, SGB XI (inkl. Selbstzahler und Sozialhilfe), Privatzahlerleistungen und SGB XII					
			Umsätze 2 Monate **vor** der Pflegevisite		Umsätze 2 Monate **nach** der Pflegevisite				
			Januar	Februar	April		Mai	
1	Fritz Hoffmann	3. Apr. 09	432,00 €	422,00 €	482,00 €	+ 12,9%	476,00 €	+ 11,5%
2	Elise Müller	6. Apr. 09	877,00 €	924,00 €	1.002,00 €	+ 11,3%	987,00 €	+ 9,6%
3	Thomas Sießegger	9. Apr. 09	700,00 €	720,00 €	690,00 €	− 2,8%	812,00 €	+ 14,4%
50								
	XXXXXX		2.009,00 €	2.066,00 €	2.174,00 €		2.275,00 €	

Auswertung März 2009		Umsatz-Veränderung:	
Umsatz „vorher" = **4.075 €**	Umsatz „danach" = **4.449 €**	absolut:	**+ 374 €**
		in %:	**+ 9,2%**

Nach Ende des Jahres werden dann die Ergebnisse aller Monate zusammen gefasst.

Nach Ende des Jahres werden dann die Ergebnisse aller Monate zusammen gefasst.

Pflegevisiten-Check Zusammenfassung 2009

Pflegedienst X   **Umsätze gesamt** aus SGB V, SGB XI (inkl. Selbstzahler und Sozialhilfe), Privatzahlerleistungen und SGB XII

Auswertung der Erfolge der Pflegevisiten in den Monaten des Jahres 2009

	absolut, in €	in Prozent
Januar 2009	+ 689 €	+ 18,6 %
Februar 2009	+ 117 €	+ 12,7%
März 2009	+ 81 €	+ 2,0%
April 2009		
Mai 2009		
Juni 2009		
Juli 2009		
August 2009		
September 2009		
Oktober 2009		
November 2009		
Dezember 2009		
Gesamt-Erfolg	+ 887 €	+ 11,1%

Bild 2: Auswertung über das ganze Jahr

Zusätzlich zur Auswertung des Pflegevisiten-Checks können während des Besuchs vor Ort noch weitere Informationen gewonnen werden, nämlich:

181

» Welche Leistungen sind für die Patienten interessant?

» Wo gibt es im Laufe der Zeit Abweichungen von der ursprünglichen Planung?

» Was kann an Angeboten für den Dienst abgeleitet werden?

» Wie viel Zeit wurde eingespart?

» Welche Leistungen konnten konkret verkauft werden?

Checkliste „Pflegevisite"

» Terminieren Sie die Pflegevisiten genauso wie andere Termine auch.

» Pflegevisiten gehören neben den Erstbesuchen, der Personal-Einsatz-Planung, der Finanzverantwortung und der Mitarbeiterführung zu den Kernaufgaben einer PDL.

» Ist die aktuelle Pflegestufe noch angemessen - oder sollte eine neue Prüfung veranlasst werden? Höhere Pflegestufen erlauben eine höhere Leistungserbringung und neues Geld. Hierfür könnte ein Pflegetagebuch eingesetzt werden.

» Die Pflegevisiten sollten mindestens ein Mal jährlich durchgeführt werden, bei aufwendigen Patienten (Pflegestufe III) sogar ein Mal pro Halbjahr.

» Werten Sie die Pflegevisiten aus, nicht nur nach pflegerischen Gesichtspunkten, sondern „Was bringen sie an Umsatz"?

» Werden die Leistungen auch in den Leistungsnachweisen berücksichtigt?

Testen Sie Ihr „Verkaufstalent"

Erstbesuche, Beratungsgespräche nach § 37 Abs. 3 SGB XI und Pflegevisiten sind ideale Instrumente, um die Wünsche und Bedürfnisse der Patienten zu erfassen. Deshalb ist es von großer Bedeutung, dass die Pflegedienstleitung selbst alle Erstbesuche und Pflegevisiten durchführt. Bei sehr großen Pflegediensten: Alternativ können auch Teamleitungen Erstbesuche und Pflegevisiten durchführen, doch ist es dann notwendig, dass sie auch die Personal-Einsatz-Planung steuern. Für die Beratungsgespräche nach § 37 Abs. 3 SGB XI sollten speziell dafür geschulte examinierte Pflegefachkräfte zum Einsatz kommen.

Testen Sie Ihr Talent zum Verkaufen von Leistungen beim Erstbesuch, bei Pflegevisiten und den Beratungsgesprächen nach § 37 Abs. 3 SGB XI. Teilweise kann man den Erfolg messen an den Möglichkeiten der Finanzierung von Pflegesachleistungen.

Übersicht

Pflegesachleistungen (ambulant) je Kalendermonat, § 36 Absatz 3 SGB XI

	1995 – 2008	ab 01.07.2008	ab 01.01.2010	ab 01.01.2012
Stufe I	384 €	420 €	440 €	450 €
Stufe II	921 €	980 €	1.040 €	1.100 €
Stufe III	1.432 €	1.470 €	1.510 €	1.550 €

Die Stufe III für Härtefälle in Höhe von 1.918 € ist unverändert.

100 Punkte, wenn Sie das richtige Gespür haben

Es gibt 3 besonders wichtige Kernprozesse bei einem ambulanten Pflegedienst, bei denen massiv Einfluss genommen werden kann auf die später folgende – teilweise langzeitliche – Inanspruchnahme von Leistungen. Diese Aufgaben sollten Sie nicht Mitarbeitern überlassen, die hierfür nicht geschult sind. Aber haben Sie als PDL die richtige Einstellung und Vorstellung, welche Formen der Organisation der Erstbesuche, der Pflegevisiten und der Beratungsgespräche Erfolg versprechend sind? Haben Sie ein Gespür für Bedürfnisse, für Fragen ...? Kennen Sie die Wünsche Ihrer Kunden?

Testen Sie sich.

Kalkulieren, Organisieren, Steuern   Thomas Sießegger
© Vincentz Network GmbH & Co. KG, Hannover 2009 • ISBN: 978-3-86630-079-8

Die Fragen und die Auswertung basieren auf Erfahrungen und Bewertungen des Autors. Der Test ist nicht wissenschaftlich evaluiert. Er soll Sie sensibilisieren und Sie zum Nachdenken anregen, wie bedeutsam die Erstbesuche, die Pflegevisiten und die Beratungsgespräche nach § 37 Abs. 3 SGB XI sind.

Den Fragebogen von Seite 185/186 finden Sie als kostenlosen Download unter www.siessegger.de/buch2009/downloads.htm

Fragebogen – Quick-Check

Testen Sie Ihr Verkaufstalent und die Voraussetzungen, erfolgreich im Abschluss von Pflegeverträgen zu sein.

Kreuzen Sie an! Bitte fügen Sie in dieser Spalte ein.
Wenn nichts anderes erwähnt wird, bitte immer nur eine Antwort ankreuzen! Welche Antwort trifft am ehesten zu?

1 Verkaufsstrategien und Ansätze beim Erstbesuch
mehrere Antworten sind möglich

Punkte

a)	Sie beginnen das Gespräch mit dem Aufzeigen der Möglichkeiten, was die Pflegeversicherung als Leistungen finanziert.
b)	Sie besitzen eine Möglichkeit, vor Ort bei den Kunden zu kalkulieren was die Pflege kosten wird, und wie hoch der Eigenanteil sein wird.
c)	Die Kunden sollen/wollen nichts dazu bezahlen: Sie orientieren sich in Ihrem Angebot grundsätzlich an den Möglichkeiten in den Pflegestufen I, II und III: 420 EUR, 980 EUR und 1.470 EUR.
d)	Sie fragen nach den Wünschen, Bedürfnissen, Lebensgewohnheiten der Patienten und der Angehörigen.
e)	Wenn Angehörige einen Teil der Leistungen selbst erbringen möchten, nutzen Sie die Möglichkeit, diese Zusage als Vereinbarung in Form von zwei Kopien sowohl im Pflegevertrag als auch in der Pflegedokumentation zu hinterlegen. So können Sie später überprüfen, ob die Angehörigen ihren Zusagen gerecht wurden.

2 Organisation der Erstbesuche

a)	Erstbesuche werden grundsätzlich (ohne Ausnahme) von der PDL durchgeführt oder von der zuständigen Teamleitung, die auch die Personal-Einsatz-Planung macht.
b)	Es gibt keine Regelung für die Durchführung von Erstbesuchen, je nachdem wer Zeit hat, führt diese durch.
c)	Erstbesuche werden von der zuständigen Mitarbeiterin der Tour durchgeführt.
d)	„Erstbesuche werden von der PDL durchgeführt, bei Patienten welche „nur" Behandlungspflege haben, werden die Erstbesuche aber von den zuständigen Mitarbeiter in der Tour durchgeführt."

3 Umsatz pro Patient in Pflegestufe I, II, oder III (Welche Antwort trifft am ehesten zu?)
Dividieren Sie bitte jeweils den Umsatz aus Pflegestufe I durch die Anzahl der Patienten in Pflegestufe I, und den Umsatz aus Pflegestufe II durch die Anzahl der Patienten in Pflegestufe II, usw.

a)	Der durchschnittliche Umsatz pro Patient ist größer als 500 EUR in Pflegestufe I, größer als 980 EUR in Pflegestufe II, und größer als 1.470 EUR in Pflegestufe III.
b)	Der durchschnittliche Umsatz pro Patient liegt zwischen 300 und 500 EUR in Pflegestufe I, liegt zwischen 600 und 980 EUR in Pflegestufe II, und liegt zwischen 800 und 1.470 EUR in Pflegestufe III.
c)	Der durchschnittliche Umsatz pro Patient ist kleiner als 300 EUR in Pflegestufe I, kleiner als 600 EUR in Pflegestufe II, und kleiner als 800 EUR in Pflegestufe III.

4 Durchführung der Beratungsgespräche nach § 37 Abs. 3 SGB XI

a)	Die PDL führt grundsätzlich auch die Beratungsgespräche nach § 37 Abs. 3 SGB XI durch.
b)	Mehrere exam. Pflegefachkräfte sind speziell geschult worden, und nur diese Mitarbeiter führen die Beratungsgespräche durch
c)	Die Beratungsgespräche nach ß 37 Abs. 3 SGB XI werden von den Mitarbeitern durchgeführt, die auch in der jeweiligen Tour zum Einsatz kommen.

5 Organisation und Auswertung der Beratungsgespräche nach § 37 Abs. 3 SGB XI
mehrere Antworten sind möglich

a)	Die Beratungsgespräche werden grundsätzlich von Seiten des Pflegedienstes terminiert, die Patienten werden immer von Seiten des Pflegedienstes angerufen; die Kunden müssen sich sozusagen nicht darum kümmern.
b)	Die Patienten rufen immer selbst an, wenn sie erneute Beratungsgespräche nach ß 37 Abs. 3 SGB XI wünschen.
c)	Sie werten aus, wie hoch der Umsatz vor dem Beratungsgespräch war – und wie er sich danach entwickelt.
d)	Sie haben die Beratungsgespräche zeitlich begrenzt, weil sie sich „nicht rechnen"
e)	Es gibt eine ausführliche Checkliste, welche Kriterien Sie bei der Begutachtung berücksichtigen. Es gibt einen Standard für die Durchführung der Beratungsgespräche nach § 37 Abs. 3 SGB XI.

Übertrag:

6 Organisation der Pflegevisiten   Punkte

a)	Die Patienten rufen oft selbst an, wenn Sie wünschen, daß die PDL erneut persönlich vorbei kommt.
b)	Die jeweiligen Mitarbeiter der Tour sind zuständig, die Pflegevisiten durchzuführen. Die Ergebnisse teilen Sie Ihnen (als PDL) mit.
c)	Die Pflegevisiten sind grundsätzlich die Aufgabe der PDL oder zust‰ondigen Teamleitung, die auch die Personal-Einsatz-Planung macht.

7 Grundsätze bei den Pflegevisiten
mehrere Antworten sind möglich

a)	Sie führen Pflegevisiten mindestens ein mal pro Jahr durch, bei jedem Patienten.
b)	Sie führen Pflegevisiten zwei mal pro Jahr durch (bei Patienten in Pflegestufe III).
c)	Es gibt eine ausführliche Checkliste, welche Kriterien Sie bei den Pflegevisiten berücksichtigen. Es gibt einen Standard für die Durchführung der Pflegevisiten.
d)	Die Pflegevisiten haben erste Priorität und werden im Terminplan systematisch und regelmäßig aktualisiert.

8 Verkaufen während den Pflegevisiten
mehrere Antworten sind möglich

a)	Sie fragen und suchen nach Leistungen, die sich nach dem Erstbesuch oder der letzten Pflegevisite „eingeschlichen" haben (die ggf. stillschweigend oder „heimlich" von Ihren Mitarbeitern erbracht werden). Diese erkannten Leistungen versuchen Sie, den Kunden von nun an zu verkaufen.
b)	Sie fragen nach den Wünschen, Bedürfnissen, Lebensgewohnheiten der Patienten und der Angehörigen – und wie sich diese nach dem Erstbesuch oder der letzten Pflegevisite verändert haben.
c)	Sie stellen dar, daß es über die Leistungen der Pflegeversicherung und der Krankenversicherung hinaus noch weitere Möglichkeiten gibt, nämlich die Privatzahlerleistungen.

9 Auswertung der Pflegevisiten
mehrere Antworten sind möglich

a)	Sie werten aus, wie hoch der Umsatz vor der Pflegevisite war – und wie er sich danach entwickelt.
b)	Sie erfassen, was für „unerfüllbare Wünsche" die Kunden erwähnt haben – und werten diese aus, um ggf. das Leistungsangebot des Pflegedienstes dementsprechend anpassen zu können.
c)	Es gibt ein Berichts-Formular über das Ergebnis der Pflegevisiten. Die Eintragungen werden EDV-mäßig erfasst und ausgewertet.

Gesamt-Anzahl der Punkte

Lösung:

Frage	Antworten und Punkte					Anmerkungen
	a)	b)	c)	d)	e)	
1	0	3	1	3	3	Addition möglich
2	10	0	2	5		
3	13	8	3			
4	5	10	1			
5	7	0	3	0	5	Addition möglich
6	0	3	10			
7	3	3	5	4		Addition möglich
8	3	4	3			Addition möglich
9	3	2	2			Addition möglich

Auswertung

bis 24 Punkte:

Sie überlassen das Verkaufen eher dem Zufall, den finanziellen Wünschen der Angehörigen (= die „Erben") – oder Ihren Mitarbeitern, die vielleicht sogar die Erstbesuche, die Pflegevisiten und die Beratungsgespräche nach § 37 Abs. 3 SGB XI durchführen. Bitte übernehmen Sie diese existentiellen Aufgaben, und bitte besuchen Sie Verkaufstrainings speziell für ambulante Pflegedienste.

bis 49 Punkte:

Ihr „Verkauf" funktioniert in eher traditioneller Weise. Sie überlassen das auch noch manchmal den Mitarbeitern. Erlösdenken und die Notwendigkeit, über das Maß der Pflegeversicherung und der Krankenversicherung hinaus zu verkaufen, ist bei Ihnen noch vertieft worden. Übernehmen Sie als PDL das Ruder, wenn es um die Erstbesuche und die Pflegevisiten geht. Entwickeln Sie Standards.

bis 74 Punkte:

Sie sind auf dem besten Weg, richtig gut zu verkaufen. Der Mensch mit seinen Bedürfnissen steht im Mittelpunkt Ihrer Ansätze. Aber vielleicht ist es noch besser möglich, systematischer diese wertvollen 3 Instrumente zu nutzen? Werten Sie diese 3 Prozesse aus und ziehen Ihre Schlüsse daraus.

75 – 100 Punkte:

Wunderbar. Sie haben erkannt, dass die Leistungen der Pflegeversicherung und der Krankenversicherung längst nicht mehr die wahren Bedürfnisse der Menschen abdecken. Und Sie haben gleichzeitig sehr viel Gefühl, auf diese Bedürfnisse einzugehen, sonst würde es Ihnen nicht gelingen, so gut zu verkaufen. Ihnen stehen gute Zeiten bevor – mit „schwarzen" Zahlen. Sie haben gleichzeitig zufriedene Kunden.

Testen Sie die Wirtschaftlichkeit der Personal-Einsatz-Planung

Testen Sie die Wirtschaftlichkeit und Rentabilität Ihrer Personal-Einsatz-Planung

100 Punkte für die perfekte Steuerung

Die Personal-Einsatz-Planung ist der Kernprozess eines ambulanten Dienstes. Hierüber entscheidet sich, ob der Pflegedienst rote oder schwarze Zahlen schreibt. Aber auch, ob die Patienten zufrieden sind – oder deren Bedürfnisse erkannt werden und ob die Pflege den gesetzlichen oder persönlichen Erfordernissen angemessen ist.

Die Fragen und die Auswertung basieren auf Erfahrungen und Bewertungen des Autors aus einigen hundert Beratungen über 18 Jahre. Sie sind jedoch nicht wissenschaftlich evaluiert. Zu jeder Punktevergabe wäre mit Sicherheit eine ausführliche Begründung notwendig, weshalb es zu dieser Bewertung kommt. Doch dazu haben wir hier zu wenig Raum. Einen Großteil der Begründungen zur Vergabe der Punkte finden Sie auf der Internet-Seite www.siessegger.de/buch2009/downloads.htm. Die Datei soll Ihnen lediglich eine Selbsteinschätzung geben und Sie zum Nachdenken anregen.

Kalkulieren, Organisieren, Steuern   Thomas Sießegger
© Vincentz Network GmbH & Co. KG, Hannover 2009 • ISBN: 978-3-86630-079-8

Kreuzen Sie an! Bitte fügen Sie in dieser Spalte ein. ✗
Wenn nichts anderes erwähnt wird, bitte immer nur eine Antwort ankreuzen! Welche
Antwort trifft am ehesten zu?

Punkte

1 Die **Erstbesuche** werden durchgeführt:

a)	grundsätzlich von der Leitung (PDL oder andere Form der Leitung)		
b)	von examinierten Pflegefachkräften (nur wenn die Leitungen zeitlich verhindert sind)		
c)	im Normalfall von examinierten Pflegefachkräften (je nachdem, wer Zeit hat)		

2 Die **Pflegevisiten** werden durchgeführt:

a)	im Normalfall von examinierten Pflegefachkräften (je nachdem, wer Zeit hat)		
b)	von examinierten Pflegefachkräften (nur wenn die Leitungen zeitlich verhindert sind)		
c)	grundsätzlich von der Leitung (PDL oder andere Form der Leitung)		
d)	meist reicht die Zeit nicht für Pflegevisiten [sie werden außerdem nicht (angemessen) bezahlt]		

3 **Zeitwerte** für Einzelleistungen

a)	Zeitwerte als Durchschnittswerte machen keinen Sinn, da jeder Mensch bzw. Patient anders ist.		
b)	Es gibt Maximalwerte, z.B. max. 30 Min. für Große Pflege, max. 12 Min. für Verbandswechsel		
c)	Es sind exakte Zeitwerte für jede Leistung vorhanden; diese werden zu Zeitpaketen addiert		
d)	Zeitwerte für Einzelleistungen gibt es nicht. Das entscheiden die Mitarbeiter vor Ort.		
e)	Zeitwerte sind vorhanden, meist aber gerundet auf 5 Min., 10 Min., 15 Min, o. Ä.		

4 **Darstellung** der Personal-Einsatz-Planung: Welche Aussage trifft am ehesten zu?

a)	Im Pflegedienst hängt eine Magnet- oder Stecktafel. Daran orientieren sich die Mitarbeiter.		
b)	Die Mitarbeiter bekommen gedruckte Pläne ausgehändigt und nehmen Korekturen vor.		
c)	Die Mitarbeiter arbeiten mit kleinen Computern (MDAs oder PDAs). Die Planung erfolgt am PC.		
d)	Die Mitarbeiter verwenden Lesestifte mit Barcode-Erkennung.		

5 **Rentabilität:** Welcher der folgenden Aussagen würden Sie am ehesten zustimmen?
Nur eine Antwort!

a)	Hauptsache der Pflegedienst insgesamt macht das gewünschte Ergebnis.		
b)	Jede Mitarbeiterin muss „auf ihre Kosten kommen".		
c)	Jede Tour muss so geplant werden, das kein Minuns entsteht.		
d)	Jede Leistung muss sich grundsätzlich „rechnen".		

6 **Tourenorientierung:** Wie werden Ihre Touren zusammengestellt?

a)	Die Touren haben ihre festen Patienten, wechseln aber hin- und wieder. Zeitvorgaben erfolgen durch die PDL.		
b)	Jede Mitarbeiterin hat ihre feste Tour und bestimmt auch über deren Verlauf.		
c)	Es ist ein ständiger Wechsel der Touren und der Mitarbeiter.		

7 **Zeiterfassung:** Wie erfolgt die Zeiterfassung bei den Mitarbeitern?

a)	Mitarbeiter schreiben aus ihren eigenen Aufzeichnungen einen Arbeitszeitnachweis am Monatsende.		
b)	Die Zeiterfassung erfolgt automatisch über MDAs oder PDAs: Das Ergebnis geht automatisch zur Lohnbuchhaltung.		
c)	Es erfolgt eine tägliche handschriftliche Zeiterfassung, die auch von der PDL kontrolliert wird.		

Übertrag:

8 Wie wird bei Ihnen die **Arbeitszeit der Mitarbeiter aufgeteilt?**
Genauigkeit der Erfassung?
mehrere Antworten sind möglich

Punkte

a)	Die Pflegezeit der Mitarbeiter wird automatisch aufgeteilt in SGB V-, SGB XI, SGB XII- und Privatzahler-Zeit
b)	Die Fahrt- und Wegezeit wird täglich erfasst und ausgewertet.
c)	Die Organisationszeiten werden täglich erfasst und ausgewertet

9 **Kontrolle und SOLL-IST-Vergleich:**
Wie erfolgt bei Ihnen die Zeiterfassung bei den Mitarbeitern?
mehrere Antworten sind möglich

a)	Mitarbeiter teilen der PDL die Abweichungen vom Plan mit, insbesondere wenn Arbeitszeit überschritten wurde.
b)	Es wird täglich der Arbeitsbeginn und das Arbeitsende gerundet aufgezeichnet (z.B. 7:00 – 11:45 Uhr)
c)	Es wird täglich Arbeitsbeginn und Arbeitsende genau aufgezeichnet, mit exakten Uhrzeiten (z.B. 7:03 – 11:37 Uhr)
d)	Der SOLL-IST-Abgleich erfolgt automatisch per EDV und wird ggf. mit den Mitarbeitern besprochen.

10 Verknüpfung mit dem **Controlling:**
Welche Zahlen sind Ihnen als PDL jederzeit und zeitnah bekannt?
mehrere Antworten sind möglich

a)	Umsatz, der sich aus der Leistungserbringung ergibt.
b)	der Stand der Über-/ Mehrstunden, der Zeit-Konten der Mitarbeiter
c)	exakte Zahlen, welche Patienten und Touren „sich rechnen"
d)	durchschnittliche Zeit von Patient zu Patient
e)	welche Mitarbeiter von den Planzahlen abweichen
f)	Anzahl und Anteil der Hausbesuche, bei denen sowohl SGB V als auch SGB XI-Leistungen erbracht werden.

Gesamt-Anzahl der Punkte

Lösung:

Frage	Antworten und Punkte						Anmerkungen
	a)	b)	c)	d)	e)	f)	
1	10	5	1				
2	3	6	10	1			
3	1	4	10	3	6		
4	5	8	10	6			
5	10	2	6	2			
6	10	4	3				
7	2	10	7				
8	3	3	4				Addition möglich
9	2	0	3	5			Addition möglich
10	2	2	2	1	1	2	Addition möglich

Auswertung

bis 24 Punkte:

Sie sollten Ihre Personal-Einsatz-Planung prinzipiell neu überdenken. Grundlegendes Wissen sollte nachgearbeitet werden. Besuchen Sie Fortbildungen, die speziell betriebwirtschaftliche Inhalte anbieten. Informieren Sie sich über Fachzeitschriften und Newsletter über neueste Techniken, Software und Produkte. Schauen Sie im Internet in den bekannten Seiten nach Informationen. Setzen Sie mehr den PC zur Personal-Einsatz-Planung ein. Erkennen Sie, dass sich die Steuerung eines ambulanten Pflegedienstes in den letzten 5 Jahren geändert hat.

bis 49 Punkte:

Ihre Personal-Einsatz-Planung funktioniert in eher traditioneller Weise. Aber Sie haben schon die Zusammenhänge von
Kosten – Zeit – Erlöse – und deren Abstimmung aufeinander verstanden. Trotzdem sind noch Entwicklungspotentiale vorhanden. Auf keinen Fall sollten Sie jeden Patienten gleich behandeln: Zeitwerte sind wichtig, aber nicht das einzige Kriterium für Wirtschaftlichkeit und Rentabilität. Andererseits sollten Sie als PDL den Mitarbeitern klare Rahmenbedingungen für ihre Arbeit zur Verfügung stellen.

bis 74 Punkte:

Ihre Personal-Einsatz-Planung funktioniert gut, Sie wissen, wie es funktioniert, was wichtig ist. Jetzt fehlt nur noch der letzte Schliff, entweder Umstieg auf mobile EDV-gestützte Personal-Einsatz-Planung – oder die optimale Integration von wirtschaftlichem Denken in die tägliche Arbeit. Sie sind auf dem besten Weg.

75 – 100 Punkte:

Perfekt. Sie steuern den Einsatz der Mitarbeiter sehr modern. Sie haben betriebswirtschaftliches Know-How in Ihre Aufgabe integriert, ohne die individuellen Wünsche und Bedürfnisse der Patienten zu vernachlässigen. Übertreiben Sie es aber nicht mit dem wirtschaftlichen Denken. Jetzt, wo Sie die Steuerung so gut beherrschen, konzentrieren Sie sich bitte auf die Fragen, was denn „morgen" für Dienstleistungen gefragt sind. Die Strategie wird für Ihren Pflegedienst entscheidend sein. Neben dem perfekten operativen Controlling, sollten Sie nun den richtigen Weg mit den richtigen Dienstleistungen und der optimalen Organisationsform für die Zukunft einschlagen.

Erfolgsfaktoren für einen ambulanten Dienst

Nachfolgend werden die Aspekte angeführt, die grundsätzlich für den Erfolg und die Wertbildung eines ambulanten Dienstes von Bedeutung sind. Jeder der Punkte bildet für sich einen Wert, der aber nicht mit Sicherheit eindeutig bestimmt werden kann und verschiedenen Einschätzungen oder dem Verhandlungsgeschick unterliegen kann.

1) Die (positive) Außenwirkung der PDL

Die PDL sollte in der Bevölkerung bekannt sein. Sie nimmt an öffentlichen Veranstaltungen teil und ist auch ansonsten aktiv in der Gemeinde tätig. Wichtig ist die starke Verzahnung der Aufgaben der PDL mit anderen Aufgaben in der Öffentlichkeit.

2) Monopolsituation oder Marktdominanz

Wenn der Pflegedienst eine dominierende Marktposition hat, macht es ihn besonders attraktiv. Das bedeutet aber auch, dass eine Spezialisierung kaum infrage kommt. Um die Monopolsituation aufrechtzuerhalten, müssen alle von Kunden gewünschten Leistungen angeboten werden.

3) Hoher Anteil an SGB V-Erträgen

(Der hohe [Anteil] an SGB V-Leistungen bürgt nicht automatisch für den wirtschaftlichen Erfolg einer Pflegedienst. Es ist vielmehr die Schnittmenge der Hausbesuche, bei denen sowohl SGB V- als auch SGB XI-Leistungen erbracht werden).

Einsätze sind effizient, wenn Synergieeffekte genutzt werden können. Diese entstehen z. B. wenn bei einem Hausbesuch folgende Tätigkeiten nur ein Mal ausgeführt werden müssen: Begrüßen, Ausziehen des Patienten, Anziehen des Patienten, Dokumentation, Verabschiedung des Patienten. Prinzipiell sind diese Verrichtungen in den Vergütungen im SGB V als auch im SGB XI enthalten und führen zu Synergieeffekten.

Deshalb wird die Zusammenarbeit und die „Vorstellung" des neuen Dienstes bei den Ärzten von so großer Bedeutung sein: Diese geben die Verordnungen, s. a. Punkt 5.

4) Steigender Anteil der Privatzahlerleistungen (> 5%)

Diese sind mindestens kostendeckend. Insbesondere die Privatzahlerleistungen werden zukünftig wahrscheinlich an Bedeutung gewinnen werden.

Kalkulieren, Organisieren, Steuern   Thomas Sießegger
© Vincentz Network GmbH & Co. KG, Hannover 2009 • ISBN: 978-3-86630-079-8

Pflegedienste werden sich nicht mehr nur auf die Erträge aus Leistungen der Krankenversicherung und Pflegeversicherung verlassen können.

5) Hohe Schnittmenge der gemeinsamen Hausbesuche mit SGB V und SGB XI

Die Praxis zeigt, dass ein Pflegedienst tendenziell „im Plus" arbeitet, wenn mehr als 25 – 30% der Hausbesuche Leistungen aus unterschiedlichen Finanzierungsansprüchen enthalten.

→ Bekanntheitsgrad bei den Ärzten.

6) Eine angemessene Besetzung in Leitung (mind. 12% Quote) und Verwaltung (ca. 4% _ 6% Quote)

Die 70% oder 80% der Kosten eines ambulanten Dienstes, nämlich die Personalkosten müssen gesteuert werden, das bedeutet eine tägliche aufwendige Personal-Einsatz-Planung und die vollkommene Freistellung von der reinen Pflege. An Leitung oder Verwaltung sollte nicht „gespart" werden.

7) Die optimale Betriebsgröße

Diese misst sich u. a. an der Zahl der Patienten: ca. 100 – 150 ist ideal. Darüber hinaus müsste die Verantwortung der Planung auf mehrere Köpfe verteilt werden. Dieser Wert ist aus Untersuchungen bekannt und bestätigt sich tendenziell in Betriebsvergleichen und in Beratungen vor Ort: Pflegedienste mit geringeren Patientenzahlen haben tendenziell etwas größere Schwierigkeiten, am Markt bestehen zu können, sie neigen zu Inflexibilität. Größere Pflegedienste sind aufgrund ihrer Größe für eine Person nicht mehr ohne Weiteres zu steuern.

8) Flexible Arbeitszeitmodelle

Extreme Flexibilität ist die Voraussetzung für Wirtschaftlichkeit. Diese bedeutet dass fixe Personalkosten zu variablen gemacht werden. Das kann nur funktionieren, wenn alle Arbeitsverträge im Durchschnitt zu knapp bemessen sind – und die übersteigenden Stunden zu Auszahlung führen.

Dieses „Arbeitszeitmodell" ist ein hoher Wert. Feste Arbeitsverträge mit hohen Stunden (womöglich Vollzeit) oder Tarifbindung (alte Verträge) mit hohem Durchschnittsalter sind massive Handicaps für die wirtschaftliche Weiterentwicklung eines Pflegedienstes.

9) EDV-gestützte Personal-Einsatz-Planung

EDV-gestützte Personal-Einsatz-Planung mit hinterlegten Zeiten sichert (fast) automatisch eine wirtschaftliche Betriebsführung, wenn kontinuierlich der SOLL-IST-Vergleich des Programms genutzt wird.

Aus der Planung gehen dann Fakturierung, Zeitabrechnung, Lohnabrechnung, Kostenstellenrechnung und Controlling hervor.

10) Exakte Personal-Einsatz-Planung

» Sind Zeiten für Einzelleistungen hinterlegt?
» Arbeiten die Mitarbeiter nach diesen Vorgabe- oder Orientierungszeiten?
» Werden Abweichungen kontrolliert und geklärt?
» Wird eine EDV-gestützte Personal-Einsatz-Planung angewandt?

Zusammenfassung

Es sind also auch die „weichen Faktoren", die den Erfolg eines ambulanten Pflegedienstes begründen. Diese Werte resultieren überwiegend aus den aufgezeigten Aspekten.

Zum Schluss: Optimale Strukturen für einen ambulanten Pflegedienst: Kennzahlen

Nachfolgend stelle ich anhand von Kennzahlen die Zielwerte vor, die beim Aufbau eines ambulanten Dienstes von Anfang an berücksichtigt werden sollten.

Damit unterliegt man nicht der Gefahr, bereits gemachte Fehler anderer Pflegedienste zu wiederholen.

1. Die optimale Betriebsgröße liegt bei ca. 100 – 150 ständig versorgter Patienten pro Pflegedienst oder Organisationseinheit.

2. Die Pflegefachkraftquote sollte zw. 60% und 90% liegen was den Bereich des „klassischen" Pflegedienstes betrifft, ausgegliederte Bereiche müssen gesondert betrachtet werden.

3. Der durchschnittliche Beschäftigungsumfang sollte bei ca. 29 – 34 Std./ Woche liegen, das entspricht einer so genannten „Flexi-Quote" von ca. 1,3 – 1,7 (= 1,3 bis 1,7 Mitarbeiter pro Vollzeitstelle).

4. Die Quote Leitung: Pflege sollte bei 12% +/– 2% bzw. 14% liegen (bei EDV-gestützter Personal-Einsatz-Planung).

5. Die Quote Verwaltung: Pflege sollte bei 6% +/– 1% bzw. 4% liegen (bei EDV-gestützter Personal-Einsatz-Planung).

6. Wichtig: Die Verwaltungskraft sollte unbedingt im ambulanten Dienst arbeiten, nicht vom Krankenhaus aus oder anderweitig zentral.

7. Die Organisationszeiten liegen idealerweise bei 8% +/– 2%.

8. Der Durchschnitt des Anteils der Fahrt- und Wegezeiten wird 25% +/– 15% betragen.

9. Die Schnittmenge der Hausbesuche mit SGB V und SGB XI sollte mindestens > 25% betragen.

10. Die Korrelation der Entwicklung der Pflege-Erträge und der IST-Stunden (D) sollte bei einem Wert > +0,95 liegen.

Kalkulieren, Organisieren, Steuern   Thomas Sießegger
© Vincentz Network GmbH & Co. KG, Hannover 2009 • ISBN: 978-3-86630-079-8